如果历史是一座公园

(第四卷)

[德]马克斯·克鲁泽 著

何珊 郭颖杰 译

图书在版编目（CIP）数据

如果历史是一座公园：全四卷 /（德）马克斯·克鲁泽著；何珊，郭颖杰译. -- 北京：北京联合出版公司，2025. 7. -- ISBN 978-7-5596-8428-8

Ⅰ. K103

中国国家版本馆CIP数据核字第20256HE032号

Title of the original edition:
Author: Max Kruse
Title: *Im weiten Land der alten Zeit*; *Im weiten Land der neuen Zeit*
Copyright © 2023 by Max Kruse, represented by AVA international GmbH, Germany
(www.ava-international.de)
Chinese language edition arranged through HERCULES Business & Culture GmbH, Germany.
Originally published 1997 and 1998 by C. Bertelsmann Jugendbuch Verlag, München

本书简体中文版权归属于银杏树下（上海）图书有限责任公司。
北京市版权局著作权合同登记　图字：01-2025-0753

如果历史是一座公园：全四卷

著　　者：[德] 马克斯·克鲁泽
译　　者：何　珊　郭颖杰
出 品 人：赵红仕
选题策划：后浪出版公司
出版统筹：吴兴元
编辑统筹：尚　飞
责任编辑：管　文　龚　将　牛炜征
特约编辑：季丹丹　罗泱慈
营销统筹：陈高蒙　营销编辑：林晗芷
装帧制造：墨白空间·Yichen

北京联合出版公司出版
（北京市西城区德外大街83号楼9层 100088）
北京盛通印刷股份有限公司印刷　新华书店经销
字数751千字　889毫米×1194毫米　1/32　37印张
2025年7月第1版　2025年7月第1次印刷
ISBN 978-7-5596-8428-8
定价：178.00元（全四卷）

后浪出版咨询(北京)有限责任公司版权所有，侵权必究
投诉信箱：editor@hinabook.com　fawu@hinabook.com
未经书面许可，不得以任何方式转载、复制、翻印本书部分或全部内容。
本书若有印、装质量问题，请与本公司联系调换，电话 010-64072833

目录

第九天　大革命和拿破仑　/　1

　　墨丘利和维纳斯　/　3
　　法国大革命　/　14
　　拿破仑演出的插曲　/　32
　　资产阶级自封贵族　/　39

第九晚　变　革　/　51

　　变革的世纪　/　53
　　技术改变了生活　/　62
　　资产阶级的壮大　/　75

第十天　从歌德到黑格尔　/　83

　　魏玛古典主义　/　85
　　比德迈时期　/　107
　　浪漫主义　/　116
　　唯心主义　/　121

第十晚　工业化时代　/　147

　　作为价值的印象　/　149
　　大众的时代　/　155
　　社会问题　/　167

第十一天　进化与进步　/　177

　　达尔文的转折　/　179
　　怀疑与悲观主义　/　187
　　寻找新价值　/　196
　　技术与资本主义　/　203

第十一晚　"超人"学说与心理分析　/　215

　　艺术家和思想家的结合　/　217
　　弗洛伊德的转折　/　222

第十二天　"科学"的年代　/　227

　　突破中的自然科学　/　229
　　最后的白色大地　/　240
　　我们生活在空间、时间的连续之中　/　247
　　两个世界　/　255
　　存在与虚无　/　272

第十二晚　回归　/　293

　　在二十世纪　/　295

尾声　/　311

　　回响与展望　/　313

译后记：一部好看又好懂的西方文化史　/　329

第九天
大革命和拿破仑

墨丘利和维纳斯

耀眼的珠宝

又是一个灿烂的清晨。时辰还早,但塞内克斯和三个年轻人已经上路了。他们发现自己是在威尼斯醒来,都很高兴。此刻他们正站在朱代卡运河边,这条运河在圣马可广场附近注入威尼斯潟湖。

塞内克斯早早地就把贝蕾妮克、罗曼和斯特凡从床上叫起来了。从他们的住处出来走不了几步,穿过一条铺石路面的小巷,就到了一条窄窄的运河边,一条贡多拉[①]在水上轻轻摇荡。船夫协助他们上了船,然后便站到座位后面的平台上摇起长长的船桨。他们划过狭窄的水上街道,两侧是房屋的墙壁。那些墙壁大多是用红色的砖石砌成的,有的甚至曾见过十四世纪的阳光,带

[①] 贡多拉,威尼斯最具代表性的传统狭长平底船。

着些破败的痕迹，但威严依旧。

"这是另一个威尼斯。"塞内克斯解释道，"不是贵族和富豪的威尼斯，而是小市民和工人的威尼斯。"

贡多拉无声地从一座座摇摇欲坠的桥下划过。贝蕾妮克四下里张望着——她不是在做梦吧？她像坐在一张悬浮的魔毯上。水光在石坝上闪动，在房屋间流溢，又渐渐变得模糊。一层细腻的银色微光笼罩着深蓝、粉红和金黄，与空气交织在一起。微风之中，水面波光粼粼，泛起层层涟漪。

他们穿过大运河。它就像是用宝石和鲜花镶嵌着的珠宝，光彩熠熠——尤其是在这晨光之中。初升的太阳喷吐着它的火焰，悄无声息的运河上，一切都处在静止中。古老的宫殿犹如泊在岸边的船只，与此同时，城市像是被托在天蓝色的丝绸上，从雾气的面纱中升起来。它穿着一件由历史和现实织就的衣衫，缀以螺钿、欧泊①、象牙和白银。

但这一切转瞬即逝，随后，朱代卡运河那虽不甚壮观却十分宽阔的水道展现在他们眼前。这里也是一片沉寂，只在稍远处有一条贡多拉，两个人在摇桨。

"现在您快说说吧，塞内克斯，您为什么这么早就把我们从床上叫起来啊？"贝蕾妮克的声音还带着清晨的慵懒。

"这就说。现在我们还没有到达目的地呢。"

他们这时大约到了大运河的中央，塞内克斯向前指去："我

---

① 即蛋白石。

们到这儿来，就是为了那条贡多拉。我们再向它靠近一点——这可不容易，弄不好会让那两个船夫加速驾船跑掉的。"

那条船上两个摇桨的很卖力，前俯后仰地，身体都快与船板平行了。船中间的坐板上有两个男子猫在那儿，他们不停地四处张望，亡命徒一般。

那个时代最让人捉摸不透的冒险家

乘客之一看上去像个农民，穿着红色背心、紫色皮裤，外罩一件华丽的大衣。

另外一个乘客穿着比较时髦，但就凉爽的清晨而言，恐怕是少了些。一件花边衬衫，头发拢在脑后的发网里，看起来像是刚从一个放荡的舞会里出来。尽管如此，因了那顶镶着金边、插着白羽毛的西班牙式三角帽，他还是显得优雅漂亮。

这时，塞内克斯说："对这两个人来说，再没有比最终抵达大陆、获得自由更迫切的愿望了。左边那个农民打扮的人是神父巴尔比，我们不感兴趣，他和另外那人关在一起，并在那个人的帮助下逃了出来，很快他们就会分手。右边那人就是贾科莫·卡萨诺瓦。这一天早上他成功地逃出了威尼斯的监狱——总督府中那间臭名昭著的铅顶囚室简直是坚不可摧的。"

"我知道他的回忆录。"罗曼轻声说，他那不听话的头发被风吹得竖了起来，"他什么细节也不放过，尤其是情爱方面的。"

"所以'卡萨诺瓦'成了风流浪子的代名词,就像'唐·璜'一样;只是,卡萨诺瓦不是文学形象,而是一个活生生的男性例证。不错,他是个撞大运的人,还是个江湖骗子,但更重要的是,他体现了他的时代——这里指的是洛可可和启蒙运动。他聪明、轻浮却品味高雅,是个地地道道的性感魔鬼;他欺骗,但并不卑鄙;他贪图玩乐,但总是带着思索,甚或温文尔雅。他总是在恋爱,大多数时候一文不名,一旦他得了钱财,马上就会不假思索地全都挥霍出去。年轻时他正式做了神父,但对此满不在乎;他拥有自由的灵魂,永远在旅途中。可以说,除了卡廖斯特罗①之外,他就是意大利冒险家的代表;但他又强过卡廖斯特罗,因为他留下了一部鸿篇巨制的回忆录。他以细腻敏锐的感受力全面地记录了他的时代。他对什么都不留情面,甚至不在乎自己的名声。"

"他为什么既代表了洛可可,又代表了启蒙运动呢?"贝蕾妮克任自己的手指在水中划过。

"你只要看看他,就知道洛可可时代的骑士是什么样子的了:长及膝盖的短裤、丝质外衣、剑、假发辫。如果说洛可可是一个矫饰、精致和夸张盛行的时代,那么在卡萨诺瓦那里,样样都做到了极致。然而,一旦他开口说话,你又立刻可以听出他丝毫不带偏见的精神,对他来说,自由——包括思想的自由——凌驾于一切之上。几乎没有一个重要人物是他没聊过天甚或争论过一番的,连国王和贵族也不例外。普鲁士的弗里德

---

① 亚历山德罗·卡廖斯特罗(Alessandro Cagliostro,1743—1795),意大利冒险家、神秘主义者。

里希大帝曾请他担任波美拉尼亚军校学生团教师；他也曾在圣彼得堡的花园里和叶卡捷琳娜大帝讨论格里高利的历法改革；他和奥地利的约瑟夫二世谈过话，也和约瑟夫二世称之为老师的伏尔泰谈过话；为了援助让-雅克·卢梭，他送去乐谱供他抄写，但同时又说卢梭的思想和人格都不出众……这些以及无数其他的会面，都在他的回忆录中有生动的描绘，一字不落，栩栩如生。就算你不能完全相信他写的东西，也至少得承认他大师级的写作水平。"

"他是因为什么被捕的？"

"那时候逮捕很常见，尤其是在威尼斯。他被当权者视为搞阴谋诡计的危险人物，总是威胁他人的利益，且行为放荡不羁，是个神秘的赌徒。终于有那么一天，他被逮住了，最高法庭判他坐三年牢，但他十五个月后就逃了出去。对卡萨诺瓦来说，被囚禁在那铅皮屋顶下窒热的空气里简直无异于死刑；但这件事可以说让他走了运，因为这次冒险的越狱给他带来了极大的名望，为他打开了很多大门。我不知道还有谁做这种事成功过。他对此事所做的描述成了十八世纪最受人喜爱的故事，人们讲它、笑它，又对它惊叹不已。要把这事从头到尾细细道来，卡萨诺瓦自己得用两个钟头。"

"他后来怎么样了？"

"他逃出了威尼斯的边界，走遍了欧洲——他横穿了路易十五和蓬帕杜尔夫人①的法国，还有西班牙、葡萄牙和两个乔治国王统治下的英国，俄国和普鲁士我刚才已经提到过了。他还去了波兰，和国王斯坦尼斯瓦夫谈论贺拉斯的讽刺作品。他的生活中充满了意外和偶然，在他的性格中你可以看到相互矛盾的特征。再没有人比他更具有两面性了，他既和王公、主教欢宴共饮，也和妓女、演员玩闹嬉笑。"

"那我想，要理解卡萨诺瓦那个时代，就得读他的书。"

"卡萨诺瓦的回忆录可以说是一座完备的时代人物肖像馆，收藏了形形色色的对话和罪恶。"

"他交游这么广，逝世的时候一定很热闹吧？"

"正相反。晚年的他只被波希米亚的瓦尔德斯泰因伯爵雇作图书馆管理员，有一口面包吃——这得感谢他写的回忆录。他觉得自己的晚景十分凄凉。好了，说他说得够多的了。我们划回威尼斯吧，我们要在那儿看一眼狂欢节，它可以算是洛可可时代的尾声，再往后，这座舞台前就要落下厚重的幕布了。"

洛可可时代的尾声

贡多拉掉了个头，在潟湖上划行，这时太阳已经升得很高了。贝蕾妮克想把一切都印在脑子里——小船、贡多拉、货

---

① 蓬帕杜尔夫人是路易十五的情妇。

船……海洋将威尼斯拢在怀抱之中。慢慢地,教堂和宫殿越来越近了,它们犹如海上的一串珍珠。大圣乔治岛问候过了,又经过安康圣母教堂。远远地,水面上浮动着一片朦胧的绿色——那是利多沙洲。

在顶着狮子和圣西奥多的柱子间①,他们靠了岸。小广场上是总督府,色彩明亮,由拱廊环绕着;斜对面是钟楼,鸽群正围着它高高耸立的尖顶盘旋。轰鸣的钟声响了起来。

到处是熙熙攘攘的人群。

堤道上五颜六色的小摊和帐篷像是从地里钻出来的,展示着会说话的鸟、用链子拴住的大象,笼子里还有无精打采的狮子或犀牛。

后面的广场更是色彩缤纷,像个大年市,似乎全欧洲和东方把它们的各色服饰、各种语言都送到这儿来了。小孩子吹着喇叭,到处是笑声,其间夹杂着讽刺而放肆的小调。

三个年轻人不管往哪儿看,都能看到各式服装、头巾、尖顶小帽、条子围裙、闪亮的小旗、斗篷宽大的风帽……人人都戴着面具,黑的、彩色的都有,没人露出自己的真实面目。有些妇女穿着土耳其式长袍,甚至戴着胡子或假的喉结;还有扮成小丑的,扮成快活女仆的,扮成法典官的,扮成跳大神儿的,等等,传说故事里的神奇形象在宫殿的拱廊下挤来挤去。到处是华丽的帽子、阳伞、晃动的面纱、耀眼的绶带、飘舞的手帕、挥动的扇

---

① 圣马可广场有两根标志性的柱子,一根顶部是飞狮(威尼斯的象征),另一根顶部是圣西奥多(威尼斯的守护者)。

子，钻石和珍珠闪闪发光。这儿有个踩高跷的，那儿有个挂拐棍的，还有装扮成熊四脚着地爬来爬去的……

"太精彩了！"贝蕾妮克兴奋地喊了起来。

"不仅如此——这场盛会像是繁华的泡沫，其中头一次闪烁出民主的光（哪怕是变了形的）。化装抹掉了贵族与平民、富人与穷人之间的界限，通过面具，所有人获得了相同的权利。每年一次，面具把这个从根本上来说贵族气息浓厚的城市变成了一个宽容而没有阶级差别的城市，每个人都戴上面具走到大街上来，不管是公爵还是女佣。差役、厨子戴着面具买菜，买主卖主戴着面具在市场上讨价还价，事务所里办事的、舞会上跳舞的，还有法庭上念辩护词的公证人都戴面具。戴着面具，大人先生去最隐秘僻静的地方，因为戴了面具就什么都是允许的，这正是它的特别之处。"

"无论什么都是允许的吗？"

"除了犯死罪。共和国保护一切自由，只要戴了面具就不管阶级差别，于是所有的人都戴上它，就连脾气乖戾的让－雅克·卢梭去威尼斯时也化了装。任何界限都不存在了，甚至也没有权威。谁都可以当'元帅大人'，不管是贵族还是扛活的，修女还是警察……"

"警察？"

"对，警察。甚至连宗教裁判所的审判官也没有了。"

"真让人激动！"

全欧洲掀起了气球热

塞内克斯把食指弄湿，举到空中。"很好，"他满意地说，"风也朝我们计划的方向吹呢——现在是从东南往西北刮。走吧，什么都准备好了，我们到利多沙洲那边去。"

那里的草地上悬着一只气球，被六根绳索系住了。它下面是一条可以坐四个人的贡多拉。

"上去吧！"

贝蕾妮克怀疑地打量着这个空中交通工具。

"你尽管放心好了。"塞内克斯安慰她，"近十八世纪末时，全欧洲掀起了气球热。从我们在凡尔赛宫看蒙戈尔菲耶气球升天起到这个时候，这种会飞的气球数量激增。除了在各种民间节日、年市上能见到它，平日的街道上、阳台上也会有人放飞迷你型的，用燃烧的酒精加热空气作动力，而且不分昼夜。在巴黎，充了气的小气球是孩子最喜爱的玩具，人人都想进行飞行试验。1784年，一只没载人的氢气球飞越英吉利海峡——中午时分在肯特升空，同一天下午三点便在瓦尔讷通附近距里尔九英里①的地方被一个男孩发现。一年之后，让-皮埃尔·布朗夏尔（一个充满激情的气球先锋人物）和约翰·杰弗里斯博士进行了第一次横越英吉利海峡的载人飞行，从多佛出发飞往加莱。在抵达法国海岸前，他们差一点就放弃了，当时气球忽然急速降落，十分

---

① 英制长度单位，1英里约合1.6千米。

危险，那位博士已经做好了牺牲的准备，要从海峡上空跳下去。所有的压舱物都扔完了——但在最后的关头来了一股劲风，拯救了他们。这是布朗夏尔的第三十八次飞行。"

罗曼道："他们当时都能成功，今天就更不用说了！"

"我们也不打算飞越大海，只是飞过波河平原、阿尔卑斯山，飞入法国，最后到达巴黎。"

"又去巴黎？"

"那座城市已经大变样了，有很多可看可说的！"

他们一个接一个爬上贡多拉，刚好在窄窄的坐板上坐下。绳索随即解开，他们升上了天空。

这次空中旅行悄无声息，连一丝风都没有，他们感觉不到空气的流动。飞越普罗旺斯，他们终于到了法国的心脏。放眼望去，辽阔的地平线上是城市和乡村。土地还没有被人为分割得支离破碎，城市坐落在绿色的海洋之中，像一个个圆形的小岛。有些零星的房屋散布在城墙之外，像溢出去的水。

"我们这是在从东南向西北飞，"塞内克斯解释道，"这意味着……"他狡黠地微笑了，"这意味着，我们在时间上做了个小小的跳跃，因为巴黎的太阳比威尼斯的升起得晚一些。虽然这实际上可能连几分钟都不到，但在进化公园里就是几个小时了。我们将在晨曦之中到达巴黎，确切地说是在 1793 年 1 月 21 日。"

贝蕾妮克看到太阳似乎正从东方落下去——这违背常理。天色渐渐昏暗下来，虽然天空还带着些苍白，但已经有几颗星亮起来了。城市和村庄的照明还没有那么明亮，田野更是沉没在黑暗之中。天还那么早，连一支蜡烛都没有点起来。但贝蕾妮克还是注意到他们是在一个大城市的郊区上空，她感觉到气球正在缓缓下降。

晨雾笼罩着城市。谁也说不出他们的旅程到底用了多长时间，但他们清楚地听到了从地面传到空中来的声音，那是成千上万个声音汇集在一起，或呼啸，或喃喃，再加上鼓声，有时还有号角声、喝令声和行进的脚步声。

他们的气球接近了地面，震动了一下便停住了。

法国大革命

您是来赴死的

塞内克斯第一个迈出贡多拉,径直往前走去,三个年轻人赶忙追上去。朦胧的晨光之中,塞内克斯的身影显得那么瘦削。

每走一步,嘈杂声就大上一分。

"我们这是在哪儿?"贝蕾妮克问。

"在巴黎,这里是共和广场——不久前它的名字还是路易十五广场,而不久之后它又以协和广场的名字成为巴黎的中心。著名的方尖塔还没有矗立起来,但你们可以看到背景里的王宫、卢浮宫以及它附近奉凯瑟琳·美第奇之命建起的杜伊勒里宫。"

"这个广场真的好大啊,但我们肯定不是为了这个来的。您想向我们展示与法国大革命有关的东西,是吗?"

"我想让你们看看断头台。它就设在已经推倒了的路易十四骑马像基座旁边。当时的人把这件可怕的刑具看作人道的进步——和火刑堆相比。"

"如果这样比，断头台确实好一些。"

"你们即将目睹的事件在许多方面都非常重要。我们会保持足够远的距离，这样不至于因为过分逼真而让你们受惊。你们也知道，我们只是在一座文化史的博物馆里，一切都不是真的。"

"我早就分不清什么是虚构、什么是真实了。"贝蕾妮克喃喃地说，把手插进裤袋里，"这不正是您的意图嘛，塞内克斯！"

"被时间的巨口吞进去或沉入历史的深潭之中的东西，任是谁也无法再将它拉上来。"

"时间的指针永远不容逆转！"

"我们只能尝试着将历史再现，为此我们需要想象力。"

他们穿过由荷枪实弹的士兵组成的夹道，士兵后面是密密麻麻一眼望不到头的人群，他们的兴奋让空气都嗡嗡地振动起来了。这儿那儿有人用竿子高高地挑着圆锥形帽①。

大概走到一半的路时，塞内克斯让三个人停下。现在他们能看到高高矗立在台子上的那件可怕刑具了。贝蕾妮克告诉自己，这就像看舞台上的魔术师表演砍头，被砍了头的演员最后还会出来谢幕的。

但结果整个处决过程还是令人压抑，每个人都被那股阴沉的力量攫住了。贝蕾妮克紧紧抓住了罗曼和斯特凡的手。

一辆简单的车子辘辘地穿过士兵组成的夹道。车上是个肥胖

---

① 法国大革命时期，雅各宾派的红色圆锥形帽象征自由。

的男子，正试着让自己读书。他在祈祷，旁边立着个身穿法衣的神父。

车子到了那血腥的刑具前，男子站起来，人们抓住他，把他引到台子上。

"路易十六。"塞内克斯的声音十分冷静，让气氛缓和了一些，"这个被赶下了王位的国王现在被称为路易·卡佩。昨天晚上，他同妻子玛丽·安托瓦内特（原奥地利公主）以及儿子做了最后的告别。他命令王太子赦免所有要把他送上断头台的人。他的妻子想和他共度最后的夜晚，但他拒绝了，他已经与生活诀别，想要一个人待着，只由一个修道院院长帮助他为走上最后一段路做准备。他睡得很安稳，早晨五点钟人们甚至得把他叫醒。他领了圣体①，摘下结婚戒指托人交给妻子，又把遗嘱交给一个官员。此刻，刽子手迎了上来，两个助手打算把他的衣服扒掉，但他推开了他们，自己把衬衫从脖子那儿扯开。但还是有人把他的手反绑起来，剃掉他后脖颈上的头发。这时，他突然一跃而起，面向人群，高呼：'法国的人们……'"

"他想申明自己是无辜的。"塞内克斯低声说道，"但人们打断了他：'您不是到这儿来演讲的，而是来赴死的！'"一个军官举起了剑，震耳欲聋的鼓声盖住了他最后的话音。

---

① 基督教圣餐仪式中的圣饼。

君主专制的结束

路易十六被推到了断头台的斧下。他没有动。咚咚的鼓点声中，人们几乎没有听到那金属落下来的声音和碰到肉体时沉闷的一响。一个年轻的刽子手把手伸到篮子里去，提着头发把那颗头颅举到空中。血还在滴，头颅暴露在晨光之中的地平线上。人群中发出一片低沉的叹惜，缓解了紧张的气氛。

"刽子手这样向民众展示那颗头颅是一个象征性的姿态，传达着一个从君主独裁专制下解放出来的未来。然而，面对这些愚钝的民众，我们可以感觉到，那不过是一种幻想。"

士兵们列队准备走了，刽子手抹掉血腥的痕迹。观众也开始离开广场。

"现在国王的尸体怎么办呢？"贝蕾妮克问，她已经放开了两个男孩的手。

"他被装进棺材运到墓地去了。"

"那玛丽·安托瓦内特呢？"

"1793 年 10 月，她也被砍了头——我们还是离开这个可怕的地方吧，我主要是想让你们看到，不光是宗教的狂热和迷信会带来血腥暴力，自由、平等、博爱等高尚的思想，也可能有恐怖的形式。来吧，店铺在执行处决期间全都关门，但现在又都开张了，商贩们也可以摆摊儿卖货。光顾咖啡馆的人比以前任何时候都多。"

塞内克斯说着迈开了步子，他走得那么快，三个年轻人简直要费些劲儿才能追上他。

法国的自由徽章

塞内克斯有意停顿了一会儿工夫，然后说："我们再去一次昨天去过的那个咖啡馆——说是'昨天'，实际上是二三十年前。"

他们从共和广场出发，在城市里穿梭。塞内克斯的话音又变得和缓明朗起来："巴黎那时候脏得要命，因为它还没有像伦敦和德累斯顿那样的下水系统。内城依然像中世纪时么狭窄。直到十九世纪，大规模的改造工程才彻底改变了城市的面貌。"

他们沿着窄窄的街道信步走着。两侧房子的一楼是杂货铺或工场作坊，数不清的招牌夸耀着各自的商品。来来往往的人摩肩接踵，空气中充斥着叫卖之人的吆喝声，变戏法的想方设法吸引人们的注意力，这里就像过年时的大集市。

他们走过新桥，走过那座精美的哥特式礼拜堂，到了巴黎圣母院，走进那家他们已经认识了的咖啡馆。

三个年轻人立刻看出这里发生了多大的变化——地毯、桌椅的布置还是原来的样子，但客人完全变了，"昨天"还是穿着天鹅绒外套、丝质短裤的时髦贵族，今天就成了市民打扮的人。

"好好看看那些'长裤汉'！"他们走向一张空桌子的时候，塞内克斯特地提醒他们注意。贝蕾妮克问："这个词是从哪儿来的？"

"人们一般都把'长裤汉'看作革命者的代名词,但事实并不总是如此,比如罗伯斯庇尔和圣鞠斯特(两个重要的革命家)就总是穿得很漂亮。'长裤'的流行说起来与凡尔赛宫的一位高级礼仪官有关,这位礼仪官希望普通老百姓,也就是所谓的'第三等级',都穿上无装饰的黑布外衣,好让他们一下子就能与打扮得鲜艳富丽的特权阶层区分开来,甚至显出可笑的样子。可结果,这却成了时髦。时新的还有管状长裤,其灵感来自英国的水手服,被称为'pantalon',你们看,它与法国传统的膝盖裤不同,比较宽松,长度到膝盖以下两手宽处。在有革命行动的时候人们还要再戴上雅各宾帽,裤子则喜欢有三色旗颜色的,鞋子很简单,手上会再拿一柄长矛。'长裤党'真正代表了与大资产阶级相对立的一类人,包括穷人、手工业者、帮工、开铺子的和小企业主,他们构成了革命的核心,建起街垒,示威游行。革命的记者(如马拉和埃贝尔①)支持他们。"

"他们提出了什么要求?"

"他们要求私有财产,但不是财富——他们痛恨富人;他们也要求得到有社会保障的工作……"

"换了我们,大概会说想要工作岗位……"

"他们要的是有保障的工资和社会保险,另外还要民主制度。"

"那么他们代表的是'小人物'了?"

---

① 雅克·勒内·埃贝尔(Jacques René Hébert,1757—1794),法国资产阶级革命时期的活动家,原为新闻记者。革命初期,在巴黎创办《杜歇老爹报》,并参加科德利埃俱乐部。1794年3月密谋起事反对罗伯斯庇尔政府,失败后被处死。

"他们处在富有的市民（也就是所谓的大资产阶级）和一无所有的真正无产阶级之间。"

"很可能像伏尔泰、狄德罗和卢梭这样的知识分子并没有直接影响'长裤汉'；反正我是这么想的，因为大多数'长裤汉'大概连字都不认识。"

不管是不是贵族，都倒霉

塞内克斯又停了半响，然后说："你们设想一下吧，当时法国的经济几乎处在崩溃的边缘，财政赤字持续增长，有的赤字还是路易十四时代遗留下来的。十八世纪法国的君主制十分糟糕，因此启蒙运动的思想在法国政治方面的影响是最大的，资产阶级，甚至贵族，都普遍受到它的影响。"

"他们要相信理性，把僵化的传统扔到垃圾堆里去，是不是这样？"

"在法国，古老贵族阶层根深蒂固的利益与上升中的资产阶级之间的对立比其他任何地方都更尖锐。首先，政府试图维持贵族、教士和第三等级的老格局。第三等级在政治上还软弱无力——虽然除了少数特权阶层人士外，所有的法国人都属于第三等级。"

"国王没有尝试过改革吗？"

"半心半意地试过，然而面对特权阶层，王室想改革也没有办法。虽然所有的人都在君主制的暴政和无能之下呻吟,但起初还根本谈不到自觉的革命运动。两千三百万人口中的四十万贵族,即第一等级,享有极大的特权(如免税)。教士阶层要求的特权更多。然而,贵族阶层的经济状况不怎么样,他们不能从事与身份不符的职业,只能得到租佃地产而来的租子;他们会尽可能地结一门富贵的亲事,并从朝廷得到奖赏和退休金。但总的来说,他们的开销在增长,收入却在减少。因此他们全都往由国家发放薪俸的公职位置上挤。十八世纪时,他们成功地把出身市民阶层、有能力但没有政治影响的公职人员都排挤掉了。到1780年左右,军官都由贵族担任,所有的主教也都是贵族。"

"不是贵族的人倒霉了!"

"但这种情况没有持续多久,然后就反过来了——出身贵族的人倒霉了!革命以前,贵族把包括农民在内的平民都驱入了绝望的境地。1688年,法国散文家让·德·拉布吕耶尔在描述路易十四统治的时代时写道,贵族眼里的农民简直就是一群畏葸的牲畜,被束缚在土地上,顶着骄阳不停地又翻又挖,头发黑黑的。"

"太看不起人了!"

"法国大革命前一年,作家尚福尔讲过这样一件事——路易十六的女儿和照管她的女仆一起玩的时候,惊讶地发现:'怎么!你也有五个手指,和我一样吗?'"

贝蕾妮克一副无法理解的样子,大摇其头:"这又一次证明了我们今天永远也不能设身处地地想象过去的人类!我们的感受和他们可不一样！"

"可以肯定的是，大约占人口总数百分之八十的农民过得很糟糕，大多数人都没有土地，其收获之微连满足生活最基本的需求都不够，却还得向封建主缴纳贡税。人口的持续增长扩大了对肥沃土地的需求。此外农民还得在军队里服役很长时间。"

"还有这个！"罗曼向后一仰头，把腿伸到桌子底下，手又揣进了兜里。

"市民的情况好一些，有的甚至很有经济实力，但他们觉得，不管是在社会生活方面还是在政治方面，自己都没有得到相应的认可。正是这些人被新思想吸引住了，他们通过沙龙和共济会分会，在俱乐部和咖啡馆里，形成了反对旧社会秩序的统一战线。"

"那么先起来革命的只有市民吗，还是也有农民？"

"1789 年，法国的专制统治从根基上动摇了。从 5 月到 10 月，老政府即使在法律上依然存在，但实际上已经崩溃了。7 月 14 日，巴士底狱被攻占，这一天至今还是法国的国庆日。巴士底狱不是被攻下来的，因为还没有攻，它就投降了。无论城市还是乡村，各处的人民都起来了。农民闯进他们痛恨的地主家里，摧毁了档案室，焚烧了强令他们服徭役的文书；许多贵族和教士被杀害。法国燃烧起来了。在革命的压力下，特权阶层的代表在国民议会里宣布放弃了很多权利，当然，那些权利实际上也已经不值什么了。但最为重要的是，受美国榜样的启发，《人权宣言》诞生了。"

"我早就等着您讲这个了！请您说说，'人权'过去指的是什么，现在指的又是什么？"

"那就是宣布所有的人生而自由、平等；不应该再有人生下来就享有特权——至少在法律面前不该是这样。人民的主权应该构成一部新宪法的基础。旧的秩序，包括统治者的所有特权和被统治者的所有负担在内的采邑制度①被摧毁了。宣言的第一条就是：'人生下来就是自由的，并且应该在法律之下自由和平等地生活……'"

"对那个时代来说，这听起来确实很革命。"

"然而，如果社会差别来自'对社会所起作用'的不同，那么这差别依然存在。诚然，所有人在法律面前应该都是平等的，自由发展的道路应对有才能的人敞开，但私有财产被认为是天赋的权利，而天赋的权利是神圣的。"

"事实并没有仅仅停留在这些理论性的要求上吧？"

"没有。许多修道院和宗教团体被关闭、取缔，教会财产被没收，学校被收归国有，在宗教婚姻外也有民事婚姻。1792年9月出现了关键性的转折，先占了主导地位的吉伦特派和丹东、罗伯斯庇尔领导的激进的雅各宾派决裂了，国民公会取代了到那时为止的立法议会，他们宣布成立第一共和国，下令处决国王。接下来雅各宾派的恐怖统治开始了，差不多所有的贵族、许多优秀人物都成为它的牺牲品。直到1794年，雅各宾派的领导人物罗

---

① 欧洲的封建土地所有制度，采邑又称封邑、领地。

伯斯庇尔和圣鞠斯特也被处决了。"

国家，一个危险的概念

大家都给自己倒上新鲜的咖啡。塞内克斯想改说另一个话题了："最后再说一句——后来由五人执政内阁领导的政府因拿破仑·波拿巴发动政变而告结束。1799年，拿破仑宣布革命结束。"

"那么外国呢？法国的剧烈变革不是激起了国外敌人的愤怒吗？"

"不管你怎么批判雅各宾派，都得承认它很善于对付国内外的敌人。在反抗国外敌人的过程中还产生了法国的国歌《马赛曲》。"

"这是我所知道的最有感染力、最令人振奋的一首歌了！"罗曼喊道。

"在法国内部的八十个省中，有六十个反对巴黎，而在法国外部，德意志诸国和英国也发起了进攻。整个国家濒临崩溃。人们对教士和贵族的仇恨日益高涨，在丹东、罗伯斯庇尔和马拉的领导下，雅各宾派建立了独裁统治，断头台更是派上用场了。从长远角度看，这对法国大革命的名声起了恶劣的影响。但是，丹东这个腐败却天才的革命家以极大的热情组织起反对外国进攻的抵抗力量，普遍兵役制度开始实行。那时人们创造了'群众起义'这个词。十四个月后，外国军队被赶出了国界，法国还占领了比利时，并且从此开始了在欧洲战场上连连得胜的一段历程。从这时起，欧洲人认识到了'民族国家'的危险性。比如说，此前要是有哪个说德语的人到巴黎去，那他并不是以德国公民的身份去的，而只不过是某个小侯国或某个城市的居民。革命则使统一的国家成为现实，这便造就了一种强烈的民族意识。不过这已经是拿破仑那一章里的内容了，我现在只想再提一句的是，1793年，雅各宾派的领导人让·保罗·马拉在浴缸里被人刺杀，刺客是一名女子！"

"她一定有充分的理由这样做。"

塞内克斯惊讶了，望着贝蕾妮克，有一会儿工夫没言语，然后才继续说："年仅二十五岁的夏洛蒂·科黛是个受过教育、十分博学的女子，她想要把人民从那个暴君、'嗜血者'——她就是这么称呼马拉的——的统治下解放出来。几天之后，她被处决了。她的行为引起了人们的强烈厌恶，这正是因为事情是一个女子做出来的。"

"这么说女子也为革命而战了？"

"首先，缝纫女工、洗衣女工、熨衣女工和制造工场里的女工提出了改善她们经济状况的要求；她们的工资几乎还不到男子的一半，而男子的工资对维持生活来说还紧巴巴的呢。革命以前，会写字的女子占比不到百分之三十，男子中会写字的则占不到一半。单是在巴黎，就有大约七万名女子不得不靠卖淫来维持生计。每年都有数万名儿童遭遗弃，因得不到良好的照顾或疾病而死掉。为抢一口面包而争执斗殴是司空见惯的……至于革命在理想方面要达到的目的——革命在开始的时候当然是抱着某种理想的——妇女们并不那么感兴趣。"

"可以理解！"

"她们要求食品的价格停止上涨，这就激怒了小商人。国民公会解散了'共和国女革命者协会'，禁止她们搞政治活动。但现在还是回过头来说男人吧。罗伯斯庇尔占据绝对的统治地位之后变得越来越残酷，最后竟下令处决了丹东等人。他正式废止了基督教会，树立起'理性与美德崇拜'——一种崇拜'最高主宰'的平民信仰。他试图实现他最为景仰、视为'神圣'的让－雅克·卢梭的理论，实行血腥的恐怖统治。"

"这些都是毫无理由的吗？"

"当时的资产阶级不这么看，他们愿意接受这种恐怖，认为罗伯斯庇尔并非残忍或不公，而处决是拯救国家和革命的唯一方法。然而恐怖毁了有才能的人——那时就是这样。"

"那么恐怖是怎么结束的呢？"

"军事上的成就带来了转折，贝蕾妮克。在最大的国外政敌被消灭了以后，罗伯斯庇尔和圣鞠斯特也被处决了。"

坚定不移的统治

一直沉思着的罗曼还要刨根问底："罗伯斯庇尔大概是革命时期最重要的一个人物了吧？"

"和他同样,不,最好是说在他之后还有米拉波伯爵①、马拉、丹东、德穆兰②、记者埃贝尔和严厉无情的圣鞠斯特。马克西米利安·罗伯斯庇尔总是引用卢梭的话,他对世界的理解非常单一,意志则十分明确,且不带任何可能妨碍此意志的激情,这使他具有强大的冲击力。他的样子并不引人注目,中等个头,面色苍白,租住一个木匠的房子,房间里布置得十分简朴。他说他自己只有一种激情,那就是为人类的幸福而战。他最喜欢用的词有'背叛''谋反''伪装''揭露'和'无耻',还将所有并非无条件信仰卢梭的人视为敌人。由于总是揭发企图贿赂他的行为,他被人们称为'不受贿赂的人'。他的伙伴拉扎尔·卡诺意识到,那些冷酷无情、像刀子一样锐利、只知追求唯一理想的人,比如罗伯斯庇尔,是最危险的。他滥用自由和思想的力量,为自己的学说毁灭周围的人……"

"最后自己也死了。"罗曼插嘴道。

"很难正确评价这个衣着优雅、冷酷偏激、强调美德高于一切的律师。德国的康拉德·恩格尔伯特·艾尔斯纳说:如果他不那么偏激,如果他留意一下国外的情况,他本可以成为一个伟人。艾尔斯纳认为,罗伯斯庇尔和所有的空想者一样,只看到事

---

① 米拉波(Honoré-Gabriel Riqueti, comte de Mirabeau,1749—1791),法国资产阶级革命立宪派领导人之一,贵族出身。早年著有《论专制》一书。1789 年以第三等级代表选入三级会议。革命初曾大胆揭露封建专制制度的黑暗,但坚决维护君主立宪政体,极力阻止革命深入发展。1790 年开始接受王室贿赂,四处为宫廷奔走。次年病死。
② 卡米耶·德穆兰(Camille Desmoulins,1760—1794),法国资产阶级革命时期的活动家、新闻记者。革命初参加科德利埃俱乐部,后参加雅各宾俱乐部。1792 年 9 月选入国民公会,属山岳派。雅各宾派专政时期,与丹东一起公开反对政府实行革命恐怖和普遍限价政策。1794 年 4 月被处死。

物的一面，自认为是天之骄子。艾尔斯纳说这话的时候，对后来的恐怖统治还一无所知，否则也许他的评价会更严厉一些，因为罗伯斯庇尔就是暴政的化身，这是毫无疑问的。"

"毁灭力和杀伤力最大的总是对理想状态的渴望，是过分的理想主义，不是吗？"

"卢梭用思想所做的事情，罗伯斯庇尔想通过断头台来实现。"

"那么罗伯斯庇尔和卢梭是一块金牌的两面喽？"

塞内克斯有些犹豫，但还是点了点头。

贝蕾妮克在桌面上画着看不见的小人儿："全社会又只是由男子组成的了！"

塞内克斯又掰响了他的手指："在1791年的制宪议会上，妇女还没有得到选举权和其他政治权利。但是妇女在法国大革命期间扮演了重要的角色，把逃跑的国王和王后抓回到巴黎的不就是巴黎集市上卖货的妇女吗？"

"但不是为了砍他们的头。"

"谁知道呢，妮克？"斯特凡用讥讽的口气说，但又马上咬住了舌头，因为一道闪亮的目光射到他身上，那简直具有毁灭性的威力呢。

塞内克斯挽救了局面："卢梭要是知道罗伯斯庇尔如此滥用他的学说，一定会大惊失色。罗伯斯庇尔把自己看成卢梭的信徒，总是抬出这位老师的名字来给自己血腥的手段辩护。然而罗伯斯庇尔违背了革命的原则，他想把立法权和执法权统一起来，这就离独裁不远了。从1790年起，革命者中的卢梭崇拜现象愈演愈烈，最终人们决定把卢梭的遗骨运到巴黎的万神殿去。"

一次彻底的全民起义

罗曼又直起身来："巴黎的万神殿是和古罗马的万神殿一个样吗？"

"只是名字一样罢了。罗马的万神殿供奉的是众神，而巴黎的万神殿建的时候就是教堂，后来实际上是法国人的纪念馆。"

"大概没有什么革命能与法国大革命相提并论吧？"

"法国大革命表面上看来是可以被效仿的（至少在开始时好像是这样），但实际上除了几个微不足道的例外，其他各地都没有出现堪与之媲美的革命形势。此外，法国大革命与以往所有革命的不同之处在于，它是一场大规模的社会起义，而且要激进得多。法国大革命最终渗透了整个欧洲，并将其思想散布到全世界。它始终是一把标尺，是丈量未来革命的基石。英国的君主立宪制和自由宪法影响也很大，它在民主制度方面的成就几乎与法国大革命形成了一种竞争关系，因为巴黎那充满血腥味的革命进程令很多人惊骇而却步。总的来说，法国大革命被一部分人视作榜样，也让另一部分人毛骨悚然。"

"这么说自由、平等、博爱的梦想没有实现喽？"

"我认为，大资产阶级可以说是革命的最大获利者，它基本上实现了自己在政治、经济方面谋求的目标。农民也还算是满意，他们摆脱了很多负担，成了耕地的主人；教会和逃亡贵族出售的财产造就了一种新的农业格局，让农民阶级得以成长和发展。然而，革命后的小资产阶级、手工业者和工人却一无所获；他们以高涨的热情参与革命，也付出了很高的代价，但处境却几乎没有改善，生活条件依然令人沮丧。这些人的处境又与农民的收获有一定的关系。农民获得了财产，成为一股强大又坚固的力量，在长达一个世纪的时间里起到了稳固的支柱作用，资本主义得以蓬勃发展，无产者只能顺服这种发展的趋势，也因而无法实现自己的目标。"

"那我猜贫富之间的巨大差距并没有消除。"

"革命没有解决社会问题，也没有创造出新的社会秩序；但它促进了自由的发展，并且超出了法国的范围。比如在法国的殖民地里，奴隶得到了解放。"

"真不容易！"贝蕾妮克的手势像是要挣脱锁链。

"是的！在启蒙运动时期反对蓄奴的呼声就已经高起来了，最早禁止蓄奴的是丹麦。1794年，法国废除了它在加勒比海领地的奴隶制；英国还要再晚一些。1815年的维也纳国际会议宣布禁止横跨大西洋的奴隶贸易，不过爱好自由的美利坚合众国却一直到1865年才废除奴隶制。最后，1925年，联合国约定进行国际合作以反对奴隶制；在国际公约中，反对奴隶制也被明确列为各国的共同目标。"

"那教会在这方面的态度呢？"

"教会的形象可不光彩，只有瑞士的宗教改革家茨温利从一开始就反对任何形式的不自由，在瑞士的宗教改革地区和德国南部第一次实现了蓄奴禁令。但强大的天主教会直到1965年才开始在梵蒂冈的宗教会议上谴责奴隶制。"

塞内克斯啜了一口咖啡。

拿破仑演出的插曲

完全变了样的法国和欧洲

接下来是一阵沉默,每个人都在思索。这时,嘈杂声传了进来。贝蕾妮克向咖啡馆的窗外望去,但隔着花玻璃,一切都是模模糊糊的。"出什么事了?"

原来是好多人从四面八方涌了过来,有单个来的,有三五成群的,有走着来的,也有坐轿子、坐豪华马车来的。他们都想进巴黎圣母院的大门,但圣母院只有边门开着。

"这是干什么?"

塞内克斯打开怀表。"这么晚了!我又说得太多了,好在我们没错过什么。现在是 1804 年 12 月 2 日上午,我们已经进入另一个世纪了——也进入了截然不同的法国和欧洲,一个变了样的时代。这个世纪不是我们即将谈论的这个人创造的,但新法国、新欧洲,甚至新时代、新世界却可以说是他的作品。"

"您说的是拿破仑?"

"拿破仑·波拿巴。虽然我们很少讨论战争和战争统帅,但他却是我们在进化公园里不能回避的例外之一;因为拿破仑不仅是一个政治家、战士、军队统帅和后来的皇帝,他还是人这个制服了火、在草原上逐猎、发明了轮子和文字的物种最出色的范例之一。你的问题也将得到解答,贝蕾妮克。几分钟之后我们就能看见他了,走,我们到圣母院那边去。"

"我们是不是去看拿破仑的加冕典礼?"

"正是!"

"约瑟芬①也会在那儿吗?"

"还有很多人——虽然不是所有的人都来了!"塞内克斯喊道,这时他们正向着门口走去。"你当然会想到德茜蕾②、约瑟芬、玛丽·路易丝③、拿破仑的母亲莱蒂齐亚、瓦莱夫斯卡夫人④……新时代的政治舞台和文化史上从来没出现过类似的场景。这个人把全欧洲都搅动了,一切之上都留下他的烙印,没有什么是他不曾触动过的。人们认为他来自古代,但他却炸开了通往现代的大门。他将法国大革命的思想带到了一个新时代,并进行了全新的改变,由此他超越了法国大革命。他自认为结束了革命——不仅

---

① 约瑟芬(Joséphine de Beauharnais,1763—1814),拿破仑的第一任妻子,法兰西第一帝国的皇后。
② 德茜蕾·克拉里(Désirée Clary,1777—1860),瑞典和挪威的王后,曾与拿破仑订婚。
③ 玛丽·路易丝(Maria Luise von Österreich,1791—1847),奥地利女大公,拿破仑的第二任妻子。
④ 瓦莱夫斯卡夫人(Marie Walewska,1786—1817),波兰贵妇,拿破仑的情人,帮助波兰获得独立。

结束了革命的恐怖，而且结束了表面上的民主，而那实际上并不是民主。"

"但那样他还和革命有什么关系呢？他还是当了皇帝啊。"

"起初，他的敌人称他是'革命之子'。他维护了农民的解放、支持企业发展、保障法律面前的人人平等、给有才能的人提供意想不到的发展机会，甚至一开始也坚持保卫边境……从这些方面看，他确实是革命之子。但是，当他从执政官变成皇帝，压制新闻和报业的自由、与天主教会和解、将比巴士底更糟的新监狱塞满了犯人之后，他就不再是革命之子了。"

"他是野心勃勃的自大狂，还是确实有更高的目标？"罗曼把自己后脑勺上的短发捋得竖了起来。

"他首先把革命从外部敌人的威胁下解救了出来，在权力达到巅峰的时候，他也许企图统治全世界。后来他想要建立一种'超国家'——一个以法国为中心的统一的欧洲，但要达到这个目标，欧洲还不成熟，于是，作为一种反应，其他欧洲国家的力量增强了。有二十年之久，欧洲在拿破仑军队的铁蹄下颤抖。他令半个世界惊恐，但也令它们着迷。"

整个国家似乎都被代表了

巴黎圣母院前的广场上，人流还在不断涌来。

"淑女们让最好的裁缝用贵重的料子给她们缝制了新衣裙，

先生们也穿上了自己最漂亮的衣服，男装裁缝和制帽匠被订货压得喘不过气来，刺绣工、鲜花贩子、鞋匠、珠宝匠……所有的手工业者和商人都有事儿干、有生意做。"

塞内克斯抬手指着周围的房子，只见很多人都挤在窗户边向外张望。"人们太好奇了，为了得到一个窗边的位置，有些人家甚至出价三百法郎——那是一笔不小的财富呢。教堂里的位子肯定就更贵了。"

他们被人流裹挟着进了左边的门。教堂里，中堂的空间和高度让人印象深刻，透过彩色的玻璃窗射进来的光更是色彩斑斓，把柱子也染成了彩色的，营造出一种脱离尘世的气氛。

哥特式的穹隆下，教士的歌声又响起来了，他们乞求着天上那最高统治者的祝福，也期待着教皇的到来，他的宝座就设在祭坛旁。官员代表和议员们都按照职位级别高低顺墙列队，墙上挂着贵重的织花壁毯。时值冬日，可还有鲜花做装饰。

"如此的豪华富丽几乎是前所未有的。"塞内克斯耳语道。

全法国的人似乎都有代表在这里。只见羽毛在参议员和将军的帽子上飘舞，旁边是法官深色的长袍；金光闪闪的制服挨着教会显贵华丽的法衣。教堂高处合唱队的席位上站着美丽的淑女们，她们穿着那个时代最漂亮最时髦的衣服。

有一条板凳上还空着四个位子，塞内克斯和三个青年挤了进去，贝蕾妮克在斯特凡和罗曼中间，塞内克斯在外面。贝蕾妮克仰望高高的穹顶，不由得想起了沙特尔的大教堂。从去那里到现在，他们在进化公园里不过又漫游了几天工夫，中间却已隔着五百多年了。在这五百年里，世界的变化有多大啊，人的想法也发生了巨变。

教士们开始唱《全属于你》，这是一首庄严缓慢的圣歌。教皇从边门走了出来，迈上祭坛。嘈杂声消失了。

"庇护七世。"塞内克斯向前点头示意。

教皇的身形在巨大的教堂里显得十分渺小，但他是个令人肃然起敬的人物。他穿着整套礼服，头上戴着教皇冠，脸上的表情拒人于千里之外，谁也读不出他在想些什么。他就是这样以一副难以接近的样子出现的，一动不动，间或闭上眼睛，等待着，让玫瑰念珠在他的手指间滑过。

他在法国刻下的烙印一直延续到今天

塞内克斯转向他的三个年轻伙伴，轻声说："波拿巴攫取了权力，但其实权力也是被拱手交给他的。他先是普通执政官，后来成了终身执政官，现在又升上了皇帝的宝座。这是因为在他的统治下，本来一直无法解决的问题迎刃而解。他只用了短短几年，就以各种改革和法律改变了法国。他制定了《民法典》，后面我们还要提到它。他还和教会签了协定，建立了国家银行和荣誉军团。"

"革命者不是刚刚和教会决裂吗？"

"他又与教会合作了，这是出于政治上的考虑。连伏尔泰也说过,要是上帝不存在,那就得发明出一个来。拿破仑本人相信存在一种更高的智慧。'一切都显示出上帝的存在',他在圣赫勒拿岛上写道,但'要说出我从哪儿来、我是什么、我要到哪儿去,这超出了我的认识能力'。他也认为,灵魂不是不朽的,否则灵魂在人出生以前就已经存在。他又想向太阳祈祷,就像埃赫那顿,因为是太阳使万物结出果实。他写道,如果从我们的世界诞生之日起宗教就存在,他一定会是个虔诚的信徒;但他却读到了苏格拉底、柏拉图、摩西以及穆罕默德的著作,所以他不再有什么信仰了。他认为一切都是人的发明。拿破仑把教会作为一种高级监察机构重新引入,因为他想让教士宣扬秩序和纪律。他还革新了许多管理和裁决方面的机构。就这样,他在法国刻下的烙印一直延续到今天。他的《民法典》成了很多国家效仿的对象。他对官员、法庭、大学和学校的等级制度进行了新的阐释,这些直到今天也还带着他的烙印。他为许多人带来了安定和财富。"

"但这不包括成千上万在战场上流尽鲜血的士兵。"

"通过政治上的成功和军事上的胜利,他改变了全欧洲的版图,大量书籍对其进行了描述、批判和讨论。他想让自己的家庭成为最有权力的家族,于是他戴上了皇冠,让约瑟芬这个来自马提尼克岛①的克里奥尔人②当上了皇后。"

"他为什么和约瑟芬离婚呢?我猜他确实是爱她的。"

"他需要继承人,哪怕有一个孩子也好,但约瑟芬没有生育。

---

① 加勒比海中的一个岛屿,法国的海外行政区之一。
② 克里奥尔人指殖民时代出生于美洲而双亲是西班牙人或葡萄牙人的白种人。

他还希望自己的后代能够摆脱出身低微的桎梏，让自己的家族作为世袭君主长久统治下去，对他来说，和奥地利皇帝的女儿玛丽·路易丝结合有助于获得这样的正统地位。他始终不能忘掉自己曾是革命军里一个饿肚子的军官，连地道的法国人都算不上，他永远也摆脱不掉身上那股科西嘉岛丛林里的味道，哪怕自己身为西方国家的皇帝，已经可以向手下馈赠王国、挟制耶稣基督的代言人也无济于事。他自己说：'我的一生是一部何等曲折的小说啊！'"

资产阶级自封贵族

欧洲最令人惊叹的人物之一

贝蕾妮克交叉起双手,搭在收起的膝盖上。"那好吧,塞内克斯,他这个人到底怎么样?"

"人们将他描述为一个敏锐非凡、杰出、兴趣广泛又富有想象力的人。虽然权力的迅速扩张改变了他的性格,但他始终比周围的人聪明。他脑子很快,行动起来不可战胜,但却不能在恰当的时候停止。不过,尽管有这么个致命的弱点,他仍是欧洲最令人惊叹的人物之一。他在革命中脱颖而出,创造了一种新秩序,而其中有的部分还是违背他自己的意志的。"

人群骚动起来,原来外面响起了沉闷的炮声。教皇稍稍直起了身子。

塞内克斯解释道:"拿破仑的队伍从杜伊勒里宫出发,这会儿马上就要到了。天气好转了,不那么寒冷,天也放晴了,站在街道两侧的人们可以好好欣赏那隆重的景象。"

教堂里的人们明显激动起来，又开始交头接耳，并且坐直了身子。过了一阵，号角声、鼓声响起来，圣母院的正门开了，光落在石头地面上；拿破仑和约瑟芬走进来，后头跟着他们的朝臣侍从、兄弟姐妹、亲戚朋友、军官元帅、官员仆人。拿破仑引着他的妻子，缓缓走在中间的过道上——他大概意识到了自己的重要意义；但他的脸上又带着蔑视的表情。所有的观众都站起来，在这对夫妇面前深深鞠躬。拿破仑头上戴着顶金色的桂冠。管风琴发出了鸣响，男童合唱队开始歌唱。

未来的皇帝和皇后的宝座设在主祭坛对面，拿破仑和约瑟芬落了座，周围环绕着欧洲各国的统治者。

音乐声消失后，穿着奢华的拿破仑从宝座上站起来，迈步走向祭坛。坐在那儿的教皇也站了起来，等着为他加冕。

拿破仑给人一种平静、镇定的印象，耐心地任漫长的仪式一步步进行。教皇给他涂了三次圣油，嘴里念着加冕时的套话。

拿破仑安静地倾听着，然而，当教皇的手伸向那顶皇冠时——据说那还是查理大帝的呢——拿破仑摘下他的金色桂冠，自己伸手过去抢先抓起了皇冠，并将这权力和尊严的象征戴在了头上。此时此刻，这小个子显得无比威严，皇冠让他的脸孔亮了起来。

随后，拿破仑用敦促的目光向约瑟芬望过去。约瑟芬站起身，走向他，跪下来，不禁流出的泪水落在她叠于胸前的双手上——与其说她是向上帝举起她的手，还不如说是向她的皇帝。

拿破仑又为她戴上一顶皇冠，上面的宝石比她原来那顶头饰的更多。但这一次只是试戴似的，他又把它摘了下来，然后再一次为约瑟芬戴上。就这样，他亲手让约瑟芬成为皇后。紧接着，就好像不愿再耽误时间似的，他和约瑟芬走下了祭坛的台阶，返回到宝座那儿。

整个过程中，颂歌在隆重庄严的教堂里回荡。很多女人都擦拭着眼里涌出的泪水，男人们也不是无动于衷。"仪式结束了。"塞内克斯说，"在教堂里的人走光以前，我再就拿破仑说上几句。"几个年轻人很愿意，因为他们还不想走，从他们身边经过的一切都是那么华丽壮观。他们向着玫瑰花窗下的大门走去，现在大门是对所有的人敞开的了。

塞内克斯一边让三个人大饱眼福，一边往下说："拿破仑的时代反映在无数作品中。有见证人说，贝多芬在创作《英雄交响曲》时想到的就是拿破仑——当时拿破仑还是第一执政官，贝多芬对他的评价很高——总谱的最上面写着'波拿巴'，下面写着'路德维希·凡·贝多芬'。当贝多芬听到拿破仑自封皇帝的时候，不由得大怒，喊道：'他也不过是一介凡夫而已！现在他要践踏所有人的权利了！'贝多芬撕碎了作品的扉页，把它重新写过，现在交响曲的名字成了'英雄'……不过这些我只是顺便说说。

"拿破仑的成功和影响力造就了一种独立的风格，即'帝政风格'。这种风格远离了舒适和游戏性，将一切都置于皇帝的光辉之下，还吸收了古典风格的特征，信奉尊严和财富。在家具上,单纯的线条取代了过去不规则的线条,又受埃及远征的启发出现了棕叶饰、桂冠、狮子、斯芬克斯和天鹅等新的形式。拿破仑的宫殿就装饰成庄严富丽的帝政风格。"

"那时装方面呢?"

"时装经历了一场解放。人们摒弃了过去那种可以称之为'扭曲身体'的不自然,开始追求一种理性的自然。"

"理性?时装也可以理性吗?"

"妇女们参照着古典风格,用轻盈的麦斯林纱做成垂感好且线条流畅的裙子,腰身高,裸露着肩膀。"

建立统一欧洲的幻想

罗曼又把话题引回拿破仑:"他犯了哪些重大错误?"

"在思想和行动方面,他都不知节制,这一点造成的后果最严重;此外,虽然他能够进行周全彻底的策划,却常常错误地评判人和时机。他蔑视小人物,不重视民众,认为自己可以成为不依靠民众就获得成功的例外。事实上,他根本就不承认民众的存在,根本想象不到某一天民众会提出质疑或发动变革。这个从法国大革命中脱颖而出的小个子军官没有把人权还给人民以完成革命,而是复辟了旧贵族、创造了新贵族。他既看不到机器和自然科学日益增长的力量,也看不到劳动机械化带来的社会问题,只盯着统一欧洲的幻想。"

"拿破仑是一个狂徒吗？"

"他从来不是一个魔鬼，即使在最阴郁的时刻，他也不曾失去清晰的头脑。他很理智、很聪明，但又斤斤计较。他自己说，他的脑子就像一个分成许多抽屉的柜子，如果他不愿意再想某件事了，就把装这件事的那个抽屉关上，拉开另一个抽屉。如果他想睡觉了，就关上所有的抽屉。"

"我觉得他就像蹿得很快但熄灭得也同样快的火堆。"

"这个比喻很有诗意，罗曼！"

"他的时代已经有足够多的传记作家、戏剧家和史诗诗人。我只说托尔斯泰。"罗曼向后一靠，闭上了眼睛。

塞内克斯拾起了这个话头："俄国人的反抗、莫斯科的大火、冰天雪地中那戏剧性的撤退、冰冻的别列津纳河，这些都给皇帝以沉重的打击。他本以为降伏了俄国，可现在他遇到了自己根本无法理解的反抗。"

罗曼解释道："他令人民和国家都反对他。"

"拿破仑是个坚定的笛卡尔主义者，认为思想和理性是一回事；在他背后并不存在什么隐秘的指引，一切都需要思量。他常常在夜里起来工作。当然，他也是个想象力极其丰富的人。"

塞内克斯转过身，建议道："走吧，教堂里已经空了！"

他们信步走出教堂的大门，走到皇帝加冕日的阳光下，然后在教堂的石头台阶上坐下。贝蕾妮克身子向后倚着台阶，长发触到了石头。"天都这么暖了！"她仰望着高处——怎么，真奇怪，太阳好像移动了位置？不，这一定是她的幻觉。

"时间不仅过去了将近十年,而且从 12 月 2 日变成了 4 月 6 日,我们已经从冬天到了春天。"

"那现在是哪年了,塞内克斯?"

"1814 年——我们的马车来了!"

在白马庭院里

马车的车门上,一个"N"字金光闪闪,字母上还环绕着一顶上端开口的桂冠。

"我们现在不是去凡尔赛,而是去枫丹白露;拿破仑选择了这座弗朗索瓦一世和路易十五建的宫殿作为自己的住处。"

这次旅程和以前几乎没什么两样——这也没什么好奇怪的,因为枫丹白露在巴黎的东南,凡尔赛在巴黎的西南,只不过到枫丹白露的路程是到凡尔赛的三倍。但距离在进化公园里不是个问题。

不久他们就通过敞开的宫门,进了皇宫庭院。主台阶对面是列队举旗的士兵方阵,他们穿着深蓝色的制服,猩红色翻领,白色皮带斜在胸前,再加上带红色绒球的黑色熊皮帽。

"这是'白马庭院',从现在起也被称作'告别庭院'了。这些士兵是拿破仑的近卫军团,是最忠诚于他的人。"

塞内克斯在一棵树下为他们找到了一个座位,在那儿,整个宫廷内院和台阶可以一览无余。"我们现在即将看到的是拿破仑做法国皇帝的最后时刻。他的妻子玛丽·路易丝和被封为'罗马王'的儿子已经被人带走了。儿子不再在他身边,这是最让他痛心的事,因为他是个典型的南方人,喜欢孩子。他的《民法典》特别为儿童提供了保护。"

"那妇女呢?"

"现在我要说说《民法典》了,或者叫《拿破仑法典》。他稳固了丈夫对妻子及其财产的控制。他虽然确认了法国大革命取得的大多数成果——保证所有人在法律面前一律平等、废除等级特权、废除农奴制、解放犹太人,还从根本上改变了学校里的授课方式,但他也收回了许多婚姻方面的改革。像过去一样,妻子得服从丈夫,即所谓'丈夫是妻子的保护者,妻子有义务听从丈夫'的效力一直持续到1938年。在拿破仑眼里,女子是为男子而生的,男子是为国家、家庭、名声和荣誉而生的。他要求女孩上宗教课,不能'思考',只能'相信'。他对女性头脑的软弱深信不疑,认定女性的想法容易动摇,需要委身于人。他不希望看到女性充满魅力、聪慧和风趣,而是希望她们富于美德、严守原则、热心肠。"

贝蕾妮克不以为然地摇着头:"哼,妙极了!"

他的帝国不复存在,他征服的一切都丧失殆尽

这时,拿破仑从宫里走了出来。他走在大理石台阶的中部,

让周围的一切黯然失色。

"他真矮。"贝蕾妮克喃喃说道,"而且看上去是那么筋疲力尽!"

"在经历了这几天之后,这一点也不奇怪。他已经是强弩之末,甚至曾企图用氰化钾自杀,但没有成功。他最忠诚的战友不再听从他,而向敌人投诚;他最重要的部长在谋划怎么毁了他,约瑟芬欺骗了他好几次……"

"他也骗了她。"贝蕾妮克插嘴道。

"玛丽·路易丝在最艰难的时刻离开了他,他的儿子被带走,他的兄弟姐妹要么大肆从他身上榨取油水,要么背弃了他。他早早地衰老了,健康每况愈下,他从前犯的每一个错误,现在都找上门来。他的敌人让他感觉到他们是多么蔑视他,因为他们不用再惧怕他。青年时代的轰轰烈烈烟消云散了,他的帝国不复存在,他征服的一切也都丧失殆尽,他留下的是一个萎缩了的、血流尽了的国家。"

欧洲从前的统治者孤零零地站在宽阔的砖墙前,墙上的窗户闪着光——这一切都深深地印在了贝蕾妮克的脑子里。她知道,她是一个历史性时刻的见证人。像几天前在古罗马的时候一样,她什么也不想错过、什么也不愿忘掉。她望着拿破仑·波拿巴,望着他佝偻着的矮小身子和他那件有名的长大衣。他的脸色苍白,他的头与身体相比较而言显得很大,但头形很好。他的肩膀很宽,胸部隆起。一个仆人拿着他的三角帽,帽子上除了一个法国的三色标志外别无装饰。

这一切之上是澄澈的天空，鸽群在屋顶和庭院上方盘旋，也掠过士兵组成的方阵。

拿破仑一个人站在那里不动。远远地，在宫廷院落的另一头，马车排成一长串等着。慢慢地，拿破仑开始讲话了，声音破碎。

"我的老卫队的士兵们！"他用他此时能喊得出来的最大声音说，"我向你们告别。有二十年之久，我在荣誉与声名的道路上看到你们。你们是勇气与忠诚的典范——在好时候是这样，现在到了最后，依然是这样……"

一个卫兵忍不住流下了眼泪，他擦了擦眼睛；他旁边的人紧紧地盯着皇帝的嘴唇。

"我要离开你们了。你们将继续为法国服务。再见了，我的孩子们！"

拿破仑挥挥手。一个带着鹰和旗子的旗手向他走来。那些头发已灰白的战士没有一个能抑制住自己的泪水，就连英国、普鲁士和奥地利派来的代表目睹了这告别的一幕，也不由得感到深深的震撼。

卫队亮枪致敬，那位前皇帝拿过那块上面用金线绣着他所有辉煌战役的名字的绸子，把它久久地按在他的嘴唇上。

此时此刻，他在想些什么呢？

一个巨变时代的孩子

拿破仑克制住自己,举起左手,说:"再会!请你们在心里记着我!"随后,他走下台阶,走向他的马车。他匆匆地登上去,马车便载着他驶出了宫廷的院子。就这样,他踏上了流放厄尔巴岛的道路。第一辆车里坐着一名将军和几位军官,拿破仑及大元帅贝特朗坐在第二辆车里,后面跟着德国、俄国、英国和瑞典各国联盟代表的车子,压后的是八辆行李车和随从坐的车。

"大约一百辆行李车已经先走了,还有一支卫队正在去萨沃纳①的路上,他们将在那里登船前往厄尔巴岛。"

"我们该怎么评价他呢?"贝蕾妮克问。

"他是从封建社会到资本主义社会过渡时代的孩子,人们有充分的理由把他的名字与野心、专制、血腥的战争和不知餍足的征服欲联系在一起,但同时也会想到他在战场上的勇敢、他的天才,以及他把事情做到底的勇气。还有,他是一个政治家,他给了封建保守的古老欧洲以毁灭性的打击,他曾写下简洁有力的号召和令人赞叹的信件。他让工人的子弟当上了军官,让军官当上了将军,让将军当上了元帅,让元帅当上了国王。当我们这个世纪迎来他的二百周年诞辰之时,有无数关于他的文章和书籍发表和出版,有无数研讨会召开,电视里放映着关于他的节目,他这个人和他的影响又一次成了人们讨论的话题——这种讨论永远不

---

① 萨沃纳,意大利西北部港口城市。

会停止。公众依然对这个军队统帅、这个自封的皇帝、这个人探讨不休。"

"争论的焦点是什么呢？"

"一些人诅咒他，又有的人，比如尼采，把他视作超人。但不管这些见解有多么五花八门，在一点上人们的意见是一致的：拿破仑拥有独一无二、令人惊叹不已的命运和让人难以解释的能力，他统治欧洲达二十年之久。不管好坏，在他之后，几乎再也不曾有哪个人可以同他相提并论，登上历史的舞台；当然这也是因为情况有了根本的改变。好了，说他说得够多的了。我们去找马车吧，车门上现在已经没有那个金色的'N'字了，它会把我们带到住地去。"

第九晚
变　革

变革的世纪

来自萨拉戈萨的包金匠之子

今天自助餐台上的饭菜与他们法国之旅正吻合,有薯条、嫩鸡、小丸子、鱼,还有法国的各种蔬菜,像菊苣、蘑菇、芹菜。饭后甜点有巧克力慕斯、冰激凌。此外还有矿泉水、乡村葡萄酒、波尔多红葡萄酒和夏布利白葡萄酒。

塞内克斯给自己选了夏布利白葡萄酒。他解释说:"喝这个可以提神,不仅能配鱼的风味,也很适合讨论严肃的话题。"他兴致勃勃地看着贝蕾妮克:"我们现在要谈的人和拿破仑正相反,他对妇女没有敌意。不过总的来说他对人充满怀疑。我说的是一个画家,他生于1746年,法国大革命爆发时他四十三岁,拿破仑退位后他又活了十三年。他经历了拿破仑的崛起、辉煌和倒台。他是个西班牙人。"

"您说的是戈雅。"罗曼在一个小水碗里蘸了蘸他的手指。

"他的蚀刻铜版画和肖像画让他成为最早的现代画家之一。他是萨拉戈萨一名包金匠的儿子,所以说父亲的职业和儿子的天赋之间还是有联系的。戈雅虽然在经济上靠的是订货,但他从不让自己被收买;他始终保持着批判的眼光,甚至揭露自己身边的人。他像个预言家,一直望进了未来。"

"这么说他很自信喽?"

"他是一代具有批判和解放精神的艺术家中的第一人。他带着激情和惊人的掌控力从事他的行当。"

"就像在用画笔说话,是吗?"

"更好的说法是,就像在用画笔论证。他不仅展现事物的表面,还揭示事物的内在,某种本质、痛苦、绝望、侮辱、无耻。他毫不留情地表现人性的扭曲,以及由此而来的理性和激情之间的矛盾冲突。他先是寄希望于启蒙运动也能给西班牙带来改革,但由于国王作祟,一切归于徒劳;国王甚至助长了宗教裁判所的权力。"

"这肯定令戈雅十分忧愤。"

"戈雅在心理问题方面极其敏感,他从学院派的布局和运笔中挣脱开来,创造出不一样的风格。他回溯着历史(伦勃朗、弗兰斯·哈尔斯、委拉斯开兹可能都曾是他的榜样),同时也着眼于未来。他摘下了人的面具,以自己独特的方式承担着启蒙的使命。他成了那个时代最敏锐的批判家,揭露阴谋诡计和权力的滥用——不管它来自宫廷还是来自教会,他以同等的辛辣尖锐鞭挞两者。渐渐地,他成了西班牙最有成就的画家。在病痛和心理危机之中，他完成了向新现实主义的转变。一种疾病，可能是梅毒，害得他卧病在床达一年之久，最后他的耳朵聋了，但他连这也克服了。他画了很多领袖人物的肖像，他的观察是那么仔细，表现得那么敏锐。后来他糟糕的心理状态还表现在由八十幅铜版画组成的一个系列中，这个系列被他称为'Caprichos'。"

"这是什么意思？"

"它的含义具有某种讽刺意义——'脾气'，其实他表现的根本不是什么脾气，而是极其尖锐的社会批判。西班牙哲学家何塞·奥尔特加·加塞特说，戈雅是最高秩序的化身，他属于欧洲的命运。和他相遇总是引人深思，令人不安，无动于衷是不太可能的。戈雅让我们感觉到，艺术可以是何等的不羁；它潜入我们生活的深处，触及那些我们平时惯于回避的东西。在他那里，明与暗怪诞地交错在怪异的丑陋中，刻画它成了他的漫画手段。戈雅揭示了他那个时代的虚荣与愚蠢、腐败与迷信。男人在他的笔下成了驴子，女人道德败坏，相爱的人是不可救药的蠢货。我们看到了打着哈欠、吃得脑满肠肥的僧侣，看到了样子可憎、正为早弥撒而穿衣服的愚人，还有狡猾诌媚、阴险恶毒的脑袋，下面是猛禽的身子，以及巫婆、魔鬼、被插在扦子上烤的孩子……一句话，都是夸张的梦境，是可怕的幻觉。"

"我想，他有些像耶罗尼米斯·博斯！"

"戈雅从西班牙国王的绘画收藏里认识了博斯这位尼德兰大画家——他像博斯一样，看到了人身上的魔鬼，但他更倾向于表现人本身，通过鞭笞愚蠢、逢迎、刻薄以及贪婪，他画出了人的可怖。拿破仑战争给他留下的印象使他创作了系列铜版画《战争的灾难》。也许你们知道他那幅关于枪毙1808年马德里起义者的画；他把人画成虐待狂和野兽。他最重要的作品之一是 *Pinturas negras*，也就是《黑色图画》，这是他晚年时画的，那时他已过起了隐居生活。这些绝望而孤独的画充满恐惧和灾难的幻觉——还有梦魇。"

"这真让我难过——一个孤独、耳聋的老人！"贝蕾妮克的目光停在塞内克斯身上，这目光让塞内克斯有些莫名其妙。

巨大的变化

罗曼一边努力让一颗鲜红的糖渍樱桃滚进他的甜食小勺，一边问："关于人的观念，在经过了启蒙运动、法国大革命和拿破仑战争之后，难道不是有了根本性的转变吗？"

塞内克斯点点头："我们已经迈入了十九世纪，各个领域都发生了变革：医学上有了最早的可观进步，技术的发展使生活日益变得轻松愉快。"

"但我们今天都知道，这也是有弊端的。"

"那时候还都很正常，贝蕾妮克。人们刚刚启程前往新的海岸，还预想不到这种发展日后会产生不好的结果。我暂且先说说医学吧。那时候开始了天花疫苗的接种，这是征服传染病最早、最重要的一步。现在再请你们回想一下莎士比亚时代的伦敦，当时我们谈到了精神病人……"

"人们把他们像犯人一样关在笼子里,还像看动物园里的动物一样去参观他们!"厌恶让贝蕾妮克漂亮的脸蛋儿显得硬邦邦的。

"在法国,人们也把精神病人像犯了重罪的人一样绑在牢房里的墙上,企图用冰冷的铸模、刑罚般的方法和令人作呕的手段使他们驯服;但慢慢地,改进出现了。第一次用心理学的方法指出人在精神上患了病的是法国的菲利普·皮内尔,时间是在法国大革命期间。他写道,疯子没有罪责,不该受处罚。革命者让他当了一家精神病院的院长,他把病人从链子上解了下来,热情洋溢地实行改革。他写下了现代精神病学最初的篇章。"

"我想,这样的事只可能发生在人们曾为人权走上街垒的法国。"

"这是深入认识精神病症的开端,是走向更广泛的人道的一步。"

斯特凡用食指推推眼镜,说:"走向人道主义的每一步都是重要的,但是,就连医学进步这块金牌也有它的背面。"

塞内克斯没有对此做出直接的回答:"那时候的人口数量少得在我们今天看来简直像天堂,而英国人托马斯·罗伯特·马尔萨斯[①]已经开始考虑人口增长的问题了。1798年,也就是法国大革命以后差不多十年,拿破仑崛起……"

---

① 托马斯·罗伯特·马尔萨斯(Thomas Robert Malthus,1766—1834),英国经济学家,因发表《人口论》(1798年)而著名。

"那时候世界上生活着多少人？"

"据我所知，人口开始迅速增长是十八世纪的事。到 1702 年为止，欧洲大约生活着一亿到一亿两千万人。这个数字肯定不够精确，因为那时还没有可靠的统计。1975 年的世界人口是 1650 年的八倍，也就是从五亿增加到了四十亿；到 2000 年，世界上有六十亿人。但别扯远了，还是回过头来说马尔萨斯——他认为，人口在和平、健康和富裕的时期会增长，而在战争、瘟疫和饥馑过后则减少。在他关于人口原则的论文中，他阐述了人口的增长是如何不可避免地超出同一时期食物的供应的，以及只有通过饥馑、战争和疾病才能得到控制。"

"我想，他这么说可不对！"

"许多发展他都没能预见到，但他是第一个提出这个问题的人。"

"而这在那时候还根本没必要。"斯特凡又给自己倒了点葡萄酒。

"马尔萨斯也反对乐观主义。这种乐观主义预言，只要保持住理性的崇高地位，就会有自由、幸福和足够所有人吃的食物——不管人口有多少。他对欧洲普遍存在的人口政策提出了质疑。莱布尼茨还认为，一个国家的实力就在于它的人口数量；马尔萨斯却指出了人口增长的界限，并为惊讶的人们算出，乐于繁殖后代的做法肯定会招致饥荒、瘟疫和战争。"

罗塞塔石碑

塞内克斯啜了一口白葡萄酒。"那时人们还发现了回顾历史的方法。"

"怎么说？"

"拿破仑征服开罗后建立了埃及研究所，人们在离亚历山大城三十英里远的地方偶然发现了一块黑色的石碑，按照发现地点，它被称为'罗塞塔石碑'。石碑上的铭文用三种文字刻成，即象形文字、古埃及草书和古希腊文。让－弗朗索瓦·商博良是拿破仑远征埃及的军队中的一名士兵，他想到，这些文字很可能说的全都是一回事——虽然两种埃及文字尚无人能解读，但同在碑上的古希腊文却是很多学者所熟悉和掌握的。就这样，人们破译了埃及文字，把了解这个尼罗河国家漫长历史的钥匙握在了手心——当然，过程并不容易。商博良被认为是埃及学的奠基者，他证明了象形文字是一种表音文字。"

"我们也从他的认识中得到了好处。"贝蕾妮克把她的盘子推到一边，"说到埃及人，我又想起了那些装饰着坟墓或者夜晚给房屋照明的灯。您不是已经给我们讲了吗——亚历山大城很早就有了街道照明系统。灯在十九世纪是怎么发展的呢？"

"有灯了！人们起初是用装菜油的灯或动物油脂做的蜡烛，后来它们又被硬脂酸蜡烛取代了。"

"但还是像中世纪那么落后！"

"然后人们又发现，烧制木炭时会分离出可以燃烧的气体，可以将其引到其他地方去点燃、熄灭、再点燃。十九世纪初，第一盏煤气灯成功地通过了检验，很快大受欢迎——大约有一个世纪之久，富裕人家的住宅、房子以及大城市一到晚上就被摇曳的煤气灯光照亮。这种照明系统带来了巨大的变化，就连社交活动也因之受益。晚餐成了一项重要的社交活动，比午餐更重要，因为在晚上人们有更多的时间聚在一起。在夜间赶路也因为照明条件的改善而更加安全可靠了，犯罪的数量减少了。"

"这么说技术进步改变了人类的生活？"

"把黑夜变成白昼是一个古老的愿望，我们的祖先就是在火堆旁会集的，但他们也被束缚在火堆旁。在城市和街道被煤气灯照亮以后，人们便可以在夜间走出房子；而处在黑暗之中的人们总是要与'阴暗势力'做斗争（虽然这种斗争可能只存在于想象之中）。今天的我们无法想象，在人类被人造灯光照亮以前的黑暗意味着什么。有了人造光，生活的一部分便发生了戏剧性的变化。'夜游神'、夜总会、晚间餐馆的时代到了。黑暗失去了它对人类的威胁力，恐惧消失了，阴暗、神秘、重重危险都被明亮的灯光驱散，取而代之的是像白昼一样的令人熟悉的现实。"

"人造光肯定不是那个时代唯一具有开创性的发明，对吗？"

"你说得对，罗曼。要把所有的新生事物列举出来简直是不可能的。"

"那您想起来什么，就给我们讲什么吧。"

"比如意大利物理学家亚历山大·伏特——他曾给拿破仑演示他的'伏特柱'，它能够输送一股均匀的电流，这就是最早的电池。伏特还成功地解释了 1786 年由路易吉·加尔瓦尼发现，但当时无人能解释的现象（用一把解剖刀碰触一只穿在铁扦上的青蛙的大腿，就会发现青蛙的肌肉抖动），因而发现了电力。接踵而来的是弧光灯的发明，不过，它的影响可没有将蒸汽转变成动力这一发明那么大。"

技术改变了生活

新的机器,新的需求

"在想到工业革命的时候,我们脑袋里首先出现的往往是蒸汽机,但这其实不对,因为工业革命的开端可以追溯到中世纪,那时的人就在利用流动的水。当时人只拥有可再生、可生长的能源,即人和动物肌肉的力量、水、风和木头,只能使用纺锤、压力机、踏轮、风磨、水车、帆等工具。而这时,人们用水沸腾而产生的蒸汽取代流动的水力,但蒸汽的产生还需要加热水的能源,人们最先用的是木头……"

"也就是说,人们去动用自然资源了!"

"但那时人们用的是可再生原料,而且消耗很有限。瓦特发明的方法(让火在锅炉内部燃烧)让效率提高了。1829年,最早的斯蒂芬森[①]蒸汽机车——'火箭号'诞生了。"

[①] 罗伯特·斯蒂芬森(Robert Stephenson,1803—1859),"铁路之父"乔治·斯蒂芬森之子,被认为是十九世纪最重要的铁路工程师。

"这有些言过其实,不是吗?"

"是啊,'火箭号'的能量效率才勉强达到所用能量的百分之十,速度也简直像蜗牛爬,但在当时却已经够轰动的了,因为它毕竟能拉八节车厢以每小时七公里的速度行进。说到这里,就不能不提理查德·特里维西克,1800年他就研制出一台高压蒸汽机,并把它安在一辆马车上。这样,第一辆可以开的机动车诞生了,他将蒸汽技术用到了交通中,使用范围甚至很广——他凭着几辆小小的蒸汽车,在伦敦开办了一家出租车公司,搞起了客运。但这种交通工具没能推行下去,因为街道的状况实在太糟,车开起来通常比步行还慢,而且根本不能出城。"

"那人们就继续乘坐马车吗?"

"在拿破仑帝国时期,英吉利海峡另一端的法国也造出了驿车。这是一种慢腾腾的交通工具,最多能乘十八个人,分成四个部分。它从巴黎开到雷恩需要四天,到里昂需要六天,到斯特拉斯堡需要十二天,不过所用的时间逐渐缩短,慢慢减到了开始时的一半。"

"那到底有多快?"

"大约每小时六公里,斯特凡。此外,送信的驿车也搭两到三名乘客。邮车比驿车轻,由五匹马拉着,因此速度可以达到每小时十公里,后来还达到了十五公里。维克多·雨果甚至形容此车是'飞驰而去'。"

铁路有前途吗？

斯特凡咬着下嘴唇，一副沉思的样子。"我真想看到维克多·雨果坐在一辆城际高速列车里的样子，听听他会说些什么。后来呢，塞内克斯？"

"糟糕的街道状况使特里维西克想到一个主意：让蒸汽车在轨道上走。最早的轨道是用木头造的，粗糙而不平，什么毛病都有。木头是一种'活'的材料，它是会变化的，所以特里维西克后来改用了铁。1804年他造了一台蒸汽机车，它在一座铁厂里铁造的轨道上，拖着五节共约十吨重的车厢和七十个好奇而且据说'不怕死'的勇敢乘客，以每小时六公里的速度艰难地开了十五公里。虽然铁轨在重负之下发生了断裂，但人们认识到，轮子是可以在光滑的轨道上拉重物的。1813年，乔治·斯蒂芬森转向铁路建造领域，他的设计是最成功的。"

"我猜以后的发展很可能就是接二连三的了，对吗？"

"没那么快。在很多年里，人们对于铁路有没有前途都没把握；虽然它很早就被用在英国采矿业中，但还没带来对后世有重大影响的变化。造一台机车的成本太高了，对短距离运输来说（比如在煤矿里）或许还值得，但除此之外……直到1814年造出一台能拉八节车厢、共约三十吨重、每小时能开七公里的火车，这项新发明才开始获得成功。1825年9月斯托克顿与达灵顿之间的铁路通车，《泰晤士报》对此做了报道……"

塞内克斯从胸兜儿里掏出一张业已发黄的报纸，把它展开，读道:"三台各具五十马力的蒸汽机车将十三节载满货物的车皮拉上了一段上坡路的制高点。在那儿,一台被命名为'体验'的车头又拉起了一串载着公众人物、德高望重的绅士和股东的车厢——现在一共有三十四节车厢了,其中一节车厢里坐着乐手,演奏着欢快的进行曲;另一节车厢上装饰着一面旗,上面写着'Periculum privatum utilitas publica……'"

"这是什么意思?"

"大意是:个人的冒险带来了普遍的用处。"塞内克斯继续读下去,"'……列车开动了,人群发出兴奋的喊叫声。骑马的先生想要跟上火车,但很快就被抛在了后面。在下坡坡度最陡的地方,火车的速度达到了每小时二十六英里。'《泰晤士报》的报道我就念到这儿。十年前,这份报纸开始用一种快速印刷机印刷,这也是一项新发明,它带来了大众报刊的时代,有了它,一夜之间就能印出英国首都订阅的全部报纸(共四千份)。工业化的进程十分迅速,铁路也征服了全欧洲。"

"那么蒸汽轮船呢?英国可是个岛国啊!"

"人们对船可自豪了!第一艘蒸汽轮船是1733年在美国制造的;但直到罗伯特·富尔顿的'克莱蒙特号'桨轮汽船在哈得孙河上成功地进行了长时间航行后,它才被推广开来。接着,人们在纽约和奥尔巴尼之间开辟了一条航线。在欧洲,一个法国人于1783年造了一艘蒸汽轮船,桨轮在尾部。1802年,'夏洛特·丹达斯号'在苏格兰的福斯-克莱德运河上试航成功,这就是世界上第一艘营业的桨轮汽船。"

"我本来还以为工业革命是从英国发起的呢。"斯特凡摘下眼镜，擦了擦眼睛。

"英格兰和苏格兰的工程师将强大的技术能力运用到铁路和蒸汽轮船的建造中，这对殖民地遍及全球的英帝国的一体化起到了很大的作用。1816年，一艘蒸汽船尝试横渡英吉利海峡，从伦敦到勒阿弗尔，用了九天的时间；这条船的功率只有五马力，难以跟当时恶劣的天气抗衡。第一次在莱茵河上航行的也是一艘英国制造的蒸汽船，有报道说：'今天近中午时，在美丽的莱茵河上，我们看到了神奇的一幕：一条相当大且没有桅杆、帆和桨的船以极快的速度沿着莱茵河逆流而上。河岸边和停泊着的船只上霎时间便挤满了涌来观看的人群。这艘勾起了所有人好奇心的船是从伦敦开到法兰克福的蒸汽船。'"

层出不穷的技术新发展

天已经很晚了，但塞内克斯还不知疲倦。"通过新的机器（尤其是在纺织工业中）和蒸汽的运用，英国经济迅速地繁荣起来。"

"为什么是英国呢？"

"起初，欧洲大陆人在关于技术的书籍方面更有优势，比如，法国已经有狄德罗和达朗贝尔的《百科全书》。顺便说一句，1809年，德国出版商布罗克豪斯以他的名字出版了一套六卷本的《百科全书》；它和以往的版本不同，明确指出是面向广大读者的。在技术方面，当时的人对英国人的评价并不高；巴塞尔的一个轧棉机商人1766年时还曾写道：'谁都知道这个国家，他们在克服阻碍时有着令人难以置信的勤奋和执着。他们没有很多发明可夸耀，但他们善于使别人的发明趋于完备。因此出现了这么一句俗话：要想让一样东西完美无缺，就得在法国发明它，在英国造出它。'不过，这种情况很快就改变了。不久，这个岛国在技术方面的发展就层出不穷。等到了1832年时，可以说大不列颠最显著的特点就是他们的发明数量，以及在改进工具和机器方面的精益求精。"

"真的是这样吗？"

"是的。英国还出现了最早的现代厂房，它们看起来和现在差不多。比如棉纺厂设计成三到四层、没什么装饰、着眼于实用性的砖结构建筑，二十多米长，七米多宽，装置了水车，为大约一千只纺锤及相应数量的机器提供动力。起初只有少数建筑师有能力建造这种带水力设备的厂房，但人们学得很快。1780年还只有二十家这一类型的工厂，1788年就超过了一百四十家。这些工厂能够用不同的机器进行生产（虽然暂时还只是用水力），且劳动分工是其重要因素，这与传统的手工作坊和集中化的工场都不同。它要求很大的投资，使短时间内生产大量产品成为可能，就这样，现代化的大批量生产开始了。"

"这造成了很多负面影响。"

"也带来了许多好处，至少对消费者是有好处的。工人的生活完全改变了，还出现了以前从未有过的社会张力。早在启蒙运动和革命期间就有关于社会不公及其原因的公开讨论。过去人们肯定也工作得很辛苦，但相对来说工作环境还是可以忍受的。但当工业生产迁到了庞大的厂房里，过去常见的小作坊变得空空荡荡以后，以前那种生产组织就解体了。工人的工资非常低，所以一个家庭里，不仅当父亲的得去工作，当母亲的也得出去干活。如果可能的话，孩子们也去工作；年龄大些的孩子反正得去，小的往往被带去，跟着干些简单的活儿，比如清洁机器。"

"而且妇女还得干家里的活儿！"看得出来，贝蕾妮克怒气冲冲的。

"在工厂里干了一天活儿以后（那往往是十四个小时），妇女还要在家里操劳，照料孩子。"

"还有丈夫！"

"极少有男人能适应变化了的情形，和他们的妻子分担家里、院子里的活计。不管怎么说，这虽然很难，但底层的妇女有时也能够自己挣出生活费用了，而在较高的社会阶层，这几乎是不可能的。手工业中也几乎没有妇女了。"

塞内克斯喝了口酒，考虑了片刻，问道："我没让你们觉得累吧？"由于没有得到回答，他就继续说下去，"从 1733 年起，纺织领域开始实行机械化。在这方面英国也是领先的。1786 年，埃德蒙·卡特赖特获得了一种由机器驱动并操纵的手摇织机的专利。后来，他经过深思熟虑，改进了这种手摇织机，让它能在危险情况下自动停止运转。1805 年，法国的丝织工约瑟夫 – 玛丽·雅卡尔向人们展示了第一台印花织机，它织布的速度已经大大提高了。

由此，从事织工这门职业的人失去了赖以生存的基础。矛盾激化了。1811年发生了第一次工人暴动，工人摧毁了诺丁汉附近一个村子里的长筒袜工厂中的六十台织机机架，一大群人在旁边助阵。这次行动是人们破坏机器的开端。纺织工人以此抗议工资的大幅度降低、生活资料价格过高以及失去工作的风险。"

"那时候就这样了！"

"我想，从那时候起，也需要有更多的能源来供给更多的机器，是吗？"

"由此开始了那种问题日益严重的发展。像今天一样，人们需要能够用于提供机械能的热能，这就必须对两个问题做出回答：我们如何从哪里得到哪些能源？我们拥有哪些技术手段，可以唤醒、解放并转换沉睡在原料中的能量？于是，人们扑向了石煤，这首先发生在英国。"

"这意味着对地球的掠夺，因此给自然环境造成负担，毒害了大气，还造成了温室效应。"

"确实是这样，但那时还没有出现可觉察的负面后果，人们也难以想象到这一点。至少在英国，人们越来越多地使用这种不可再生的化石燃料。石煤可以变成其他材料，但永远也不可能再回到初始状态了。你们知道，热力学第二原理说，每种物质都向混乱的方向发展，'熵'总是在增加，它从不会降低。这一过程体现为变成游离状态和热量的散失。"

"您能不能举个简单的例子？"贝蕾妮克感觉到自己的眼皮开始发沉了。

"最简单的，以咖啡豆为例。它们先是在阳光下生长，然后被人采摘下来，运走，焙烤。做这些都需要力和能量。它们一旦被磨细、放在咖啡壶里煮开，你就再也不能把它们变回咖啡豆了。"

"我觉得鱼的例子更简洁、更形象。"

"什么意思？"

"用鱼缸里的鱼虽然可以熬一道鱼汤，但不能从鱼汤再变出鱼缸里的鱼。"

塞内克斯点点头："只要人们还用旧的采矿技术工作，就只好为获得采矿用的能源付出高昂的代价，尤其是在煤的深井开采中。蒸汽机投入使用后情况就改变了，蒸汽机把石煤转化成了机械能。"

"但却再也不能变回石煤了。"贝蕾妮克喃喃说道，有点像是塞内克斯所做解释的回声。

"此外，以机器纺织厂为开端，各种机器的使用迅猛增长，为此需要额外的新能源；生产和运输业的机械化就此开始了它不可遏制的进程。对能源的需求越来越大，这是一个没有尽头的螺旋。"

"而这一切都是随着作为能量制造者的蒸汽机和作为能量来源的石煤开始的吗？"贝蕾妮克站起来，从咖啡机那儿给自己取了一杯意式浓缩回来。

"你手里拿的是熵。"斯特凡说，"它再也变不回咖啡豆了。"

塞内克斯继续说："在这个日益机械化的世界里，人们需要普遍适用的度量衡单位。你们还记得巴塞尔的轧棉机商人对法国大量发明的高度评价吗？我要给你们讲讲这个民族的另一个聪明措施——在我们今天看来，那是太自然而然的事了，我们根本无法想象它出现以前世界是个什么样子。欧洲的度量衡单位一片混乱，国与国、城市与城市，甚至一个手工师傅与另一个手工师傅用的计量单位都不同。'米'作为一种长度单位，那时还不存在。在法国大革命的进程中，法国人希望度量衡单位也'理性'起来，于是他们成立了一个委员会，成员有拉普拉斯、拉格朗日①、拉瓦锡②等人。这些聪明人试图导出一种自然的、与地球能拉上关系的单位，于是他们把北极与赤道之间距离的一千万分之一作为基本长度单位，称之为'米'，这个词来自希腊语的'测量'。所有的面积和空间都可以用'米'来表示——不管把它乘上十还是一百，或是除以十或一百。事实证明，这一'米'制体系是合乎逻辑的，因此在大陆上推行起来。此外法国人还有一个发明，它的影响在今天看来也是不言而喻的——我只透露一点：发明者是个厨师。"

改革成了时髦

贝蕾妮克说："没有巴黎的烹饪，厨房会变成什么样啊！"

---

① 拉格朗日（Joseph-Louis Lagrange，1736—1813），数学家、力学家、天文学家，曾服务于弗里德里希大帝，被后者称为"欧洲最伟大的数学家"。
② 拉瓦锡（Antoine-Laurent de Lavoisier，1743—1794），著名化学家、生物学家，被尊为"近代化学之父"。他提出了元素的定义，并发表了最早的元素列表。

"但是在那以前所有的菜都很容易坏掉!于是厨师弗朗索瓦·阿佩尔①想到了一个主意:把食物加热到一百度,然后立刻密封起来——嘿,看哪!罐头就这么诞生了!从此它就变得不可缺少了,在家庭、旅馆、远洋轮船和其他许多地方——至少是在一个反其道而行之的方法出现以前。"

"……低温能更好地保存食物!"

"但罐头还远不会消亡。"

"男人——厨师!"贝蕾妮克喊道,"那妇女呢?我指的不仅是在厨房里。"

"当然有妇女,在十九世纪她们扮演了特殊的角色。她们以各种方式起作用,但贝蕾妮克,让我再说点别的。你们还记得吗?笛卡尔之后有斯宾诺莎和莱布尼茨,他们之后又跟着伏尔泰、卢梭、康德和狄德罗的启蒙运动。继启蒙运动,尤其是继卢梭之后是法国大革命。这两者发生之后,许多国家都进行了'世俗化'运动。"

"这个词我经常琢磨!"

"它的意思是国家宣布教会的财产和主权无效。在奥地利,约瑟夫二世解散了许多修道院。法国大革命期间,很多教会的产业被收归国有,并经拍卖到了私人手中。在德国,帝国代表会议废除了许多主教管区和帝国修道院进行世俗统治的权力,此外教会也失去了财产,因为世俗王侯的领地扩充了,他们没收了教会

---

① 真实名为尼古拉·阿佩尔(Nicolas Appert),弗朗索瓦有"法国人"的意思,可能被错当成他的名字。

的财产。这对神圣罗马帝国的政治、社会、经济形势产生了深远的影响。"

"这也是启蒙运动的结果吗?"

"当然,虽然在中世纪时就出现了对世俗化运动的神学解释,在宗教改革时期也有了相关实践,但这些和十九世纪初期相比都是小意思。你也可以把世俗化理解为一种改革,而改革在那时成了时髦;别忘了约瑟夫二世。普鲁士的弗里德里希·威廉三世在 1807 年颁布了一道解放农民的诏令,世袭的农奴制被废除了,因此,封建制度的基础被消灭了。"

"这简直是一场革命!"

"那时拿破仑正处在权力的巅峰——包括在普鲁士。随着这一纸敕令的颁布,所有的普鲁士人都成了国家的臣仆,而不再是某个封建主、地主的奴才。农民不用再服劳役,可以自由地选择居住地;这也造成了农村劳动力的外流。各种职业之间的界限也消失了,贵族可以从事市民的职业,农民可以变成市民,反过来也一样。于是,一个自由的劳动力市场诞生了。庄园产业的流通也获得了自由,所有的市民都可以购买骑士封地,这样便出现了一个新兴的流动产业主阶层。——自由的精神吹遍了全国。"

"那一定有很多人大大松了口气!"

"也有很多人恨得咬牙切齿,妮克!"

"你是指贵族,斯特凡?"

"还有过去的庄园主。"

"现在,富裕的市民经常购买没落贵族的府邸或骑士的庄园，起用能干的管理者使之再次兴旺繁荣。但显然，越来越多自由的新职业及工业化的发展都要求劳动力受到更高的教育，而且是来自各个阶层的，不只是贵族或富裕市民，还包括受雇佣的人和其他工人。"

资产阶级的壮大

使人得以自由发展天性的教育

斯特凡揉揉眼睛:"那就得改进学校教育。"

塞内克斯微笑起来:"你们都累了,我会说得简短一点——现在确实是裴斯泰洛齐的时代了。"

"我上的那个小学就是以他的名字命名的。"贝蕾妮克说。

"约翰·海因里希·裴斯泰洛齐是瑞士人,瑞士很小,但却很为资产阶级拥有的权利而自豪。裴斯泰洛齐被认为是大众学校和师范学校教育的先驱。1805年他在沃州建立了一所寄宿学校,尝试实现自己的教育理念。他的目标是'培养力量''自为'和'把思想与自然感性结合起来'。在最鼎盛的时候,他的学校里有来自全欧洲的一百六十个富裕家庭的学生。很快其他国家出现了效仿者。他还在寄宿学校里设立了一所穷人学校,但陷入了财务困境。他留下的是教育学文章、进步的授课方法和关于大众教育的思想。"

"其中最重要的是什么,塞内克斯?"

"裴斯泰洛齐继承启蒙运动和卢梭的传统,认为'人的天性是好的',教育应该使孩子天赋的潜能得到发展。在师范教育中,他建议要'自然'地一步步提高难度,一步步学习。他很重视孩子'自为'的能力,这既包括思想方面,也包括实践、动手方面。他想取消机械的学习,让学生自己积累实践经验,形象地把握知识。"

"我们要感谢他的地方很多啊!"

"对,因为他改革了教育学(虽然他的思想经过很长的时间才被接受)。"

"那他的思想也涉及女孩子吧?"贝蕾妮克问,"十九世纪妇女的情况到底怎么样?"

富裕的妇女和女仆

塞内克斯似乎透过贝蕾妮克看到了过去。"1800年到1900年间发生了极多的变化。如果说在这个世纪初女子上大学还只是例外,那么在世纪末,课堂已经对所有女性开放了——至少在理论上是这样。事实上呢,很多家庭或父亲仍然认为女孩没必要去学一门技能,更不用提学术了,因为她们反正是要结婚的。克服这个在男性心中扎根颇深的偏见比克服来自外部和官方的障碍要晚得多。我不能把这个时期女性的处境和经历全部展开来说，所以我打算只介绍两个截然不同的方面。"

"哪两个方面？"

"法国大革命开始于一场农民暴动，但思想上的准备则是启蒙运动，而启蒙运动的思想得以传播多亏了巴黎的沙龙。我要讲两个女子，她们的沙龙十分有代表性。为了和她们做对比，我也要说说女仆，她们不是流浪者、乞丐、窃贼，也不是妓女，但她们的生活却格外艰难，没有前途也没有自由。先说说生活在普鲁士的女仆吧。弗里德里希·威廉三世1807年下了解放农民的敕令，但他没有考虑到这些仆役。"

"如果一个人被解放，那他开始时肯定是被囚禁着的。"

"服劳役正是这么回事儿，贝蕾妮克。它不仅束缚了做长工的男子，而且束缚着女佣。解放农民的诏书发布三年以后，普鲁士有一项劳役法规生效了。它的适用范围很广，同时也很苛刻。根据这项法令，仆役只有义务，主人却什么权利都有。负责下达命令的必须有一本仆役簿，其中记录着所有的劳役项目，男佣和女佣都有义务要服从主人，如果必要，他们得昼夜工作，而且方方面面都得服从主人的意志。主人自然也得给他们工钱，养活他们，但如果他们病了，只有当病是在干活的时候得上的才能得到帮助——还得拿出证据来！主人可以拿各种各样的理由解雇用人，比如女佣怀孕。"

"简直是狗一样的生活！"

"和古代的奴隶制相差无几！"

"这种蔑视尊严的规定所依赖的思想基础一直延续到二十世纪,而且今天还在许多国家继续存在呢。"

没有妇女就没有沙龙

贝蕾妮克也掰开一块面包,问:"上层妇女一定过得好些,是不是?"

"主要是在巴黎。她们过得好多了,简直没法比。我只举两个例子,但我得说,在欧洲各国的首都都有类似的例子,比如柏林、马德里、伦敦、罗马、华沙……到处都有富裕的夫人组织起社交活动,吸引来身居高位的男人——或是用她们的美貌,或是用她们的头脑。"

"您是说沙龙吗,塞内克斯?"

"启蒙运动以来,沙龙的作用怎么形容都不过分,而如果没有妇女,就没有沙龙……"

"但是,如果一个女子没有财产,她能负担得起举办沙龙这样的奢侈活动吗?"

"当然不能。我要说的两个迥然不同的例子也是这样。你们肯定知道她们:一个是雷卡米耶夫人,也被她的朋友们称为'朱莉'或'朱丽叶',另一个是斯塔埃尔-荷尔斯泰因夫人(热尔梅娜·德·斯塔埃尔)。如果我们可以相信当时人们的描述的话,朱莉·雷卡米耶是个极富魅力的美人儿,可爱、优雅,是一个天生的尤物,而且迷人、善良、品味高雅。最好的画家都会因有她做模特而觉得幸福。拿破仑形容她是'国王的美味'。直到晚年她都被视作美人儿。她很聪明,嫁了一个银行家。另一位,热尔梅娜·德·斯塔埃尔与之相反,被描绘成一个粗犷而睿智的女子。她很幸运,父亲是百万富翁、路易十六的财政部长雅克·奈克尔。二十岁时她与一个并不重要的贵族结婚,丈夫是驻巴黎的瑞典大使,只是为了让自己过得比在父母家里更自由,而她其实已经够自由的了。参加过她婚礼的布福勒伯爵夫人说她很霸道,意志坚强到了极点,还拥有同龄人身上绝无仅有的自信。虽然两位女子在外表和才赋上极为不同,但她们成了好朋友,这友谊甚至超过了一切爱情上的竞争。朱莉·雷卡米耶的魔力来自她的可爱迷人,斯塔埃尔夫人吸引人的则是她的才赋——她说的话令所有人印象深刻,言谈技巧比所有人都高超。英国女子范妮·伯尼在文章中说,她从没见过谁能像斯塔埃尔夫人那样在谈话中把生动的雄辩、敏锐的思考、妙趣横生的幽默以及温文尔雅如此完美地结合在一起。斯塔埃尔夫人还是成功的作家,在那时有名望的女子中大概是最有魅力的一位——头脑敏锐,而且乐于助人。所以我想集中谈她。"

"说到沙龙,我想起了古代雅典和罗马的盛宴。"

"两者最大的不同是,沙龙里的中心人物是主妇——或者说就是女子,其他一切都围着她转;而在雅典,女性根本就不在受邀赴宴的客人之列,顶多是被使唤的奴隶或吹笛手、舞女。"

伏尔泰也不曾拥有的东西

贝蕾妮克又来了精神,她问:"那热尔梅娜·德·斯塔埃尔都写了些什么呢?"

"两本小说——《德尔菲娜》和《科琳娜》,不过对今天来说已经没什么意义了。此外她还写有关文学的散文。更重要的是,她热情地为妇女权利而斗争,为妇女自由恋爱和思想成果被承认而战。她的生活中贯穿着这方面的热忱,她的行动也与之相符。她换过一个又一个情人,并写道:'对我来说,在上帝和爱情之间,除了我的良心以外,没有其他中介。'她最早的情人之一是塔列朗,那个富有智慧却无视道德的公爵、主教和外交大臣,也是当时最有趣的男人之一。斯塔埃尔夫人的一部作品直到两百年后的今天还有读者,那就是《论德意志》。这部作品帮助人认识理想的德国,其中居住着远离世事的思想家和善于梦想的诗人。同时,正是在这个德国,也有一些妇女促进了文学、文化沙龙的繁荣。我只提一下耶拿的卡罗琳·施莱格尔和柏林的亨莉埃特·赫茨、拉埃尔·瓦恩哈根·冯·恩泽。"

"斯塔埃尔夫人后来怎么样了?"

"她费精耗神——先是为革命,后是为救助在恐怖统治时期遭迫害的贵族;她自己也逃亡了。她把父亲在日内瓦湖边戈佩的宫殿变成了一个知识分子中心,小说家司汤达说:'连伏尔泰也不曾拥有过同样的东西,思想、金钱和贵族的称号都集中在这个显赫女子的沙龙里。'她回到巴黎,和拿破仑这个全欧洲最有权力的男人斗争，一直到他的末日。她吸食鸦片，拿破仑的倒台使她体验了一种忧郁的胜利，因为她感觉到自己也快要走到头了。她是当时欧洲最重要的女作家，歌德翻译过她的作品，两人还在魏玛见过一面。奥古斯特·威廉·施莱格尔①曾当过她孩子的老师。她很早就具有一些今天重又变得现代起来的认识。"

"什么样的认识？"

"比如，知识只是认识的一个因素，此外还有感觉；既要有睿智的头脑，也要有敏感的感觉。她死于1817年，终年五十一岁，放纵的生活耗损了她的身体，毒品更是毒害了她。"

"朱莉·雷卡米耶呢？"

"她也反对拿破仑，后者把她从城里驱逐出去。直到拿破仑退位，她才得以重返巴黎。她活到了七十多岁，晚年时眼睛瞎了，而眼科医学当时还处在'蹒跚学步'的阶段。她于1849年去世，比拿破仑三世成为法国总统晚一年，比她的朋友热尔梅娜·德·斯塔埃尔多活了三十二年，比拿破仑一世多活了二十八年。好了，提到了这些重要人物的去世，提到了新的人物、新的名字，我们也该离开十九世纪初这一章了——当然了，只是离开十九世纪初的巴黎，因为我们以后还要再一次回到这个时代呢。但在泄露太多的东西以前，我建议你们上床睡觉，已经很晚了。"

三个青年都点点头。

---

① 奥古斯特·威廉·施莱格尔（August Wilhelm Schlegel，1767—1845），德国诗人、翻译家、批评家，浪漫主义运动的领导者。

第十天

从歌德到黑格尔

魏玛古典主义

精神世界的中心

三个年轻人是被一阵钟声敲醒的，那声音一下一下传来，迟疑不决，仿佛在哀悼什么。接着便是一片宁静，偶尔传来人们交谈的片言只语，声音很轻，像是不好意思。

旅舍坐落在一个中等大小的长方形广场上，周围环绕着低矮的房子。房子的立面显示出它们是些深褐色的桁架房屋，只有几座粉刷成浅绿色、浅黄色和浅棕色。

麻雀算是最有生气的活物，它们扑扇着翅膀飞来飞去，一边觅食，一边叽叽喳喳地叫，而广场边上走着的人则一个个步履沉重。

贝蕾妮克受了这压抑气氛的影响，本能地穿上了一条颜色朴素的连衣裙，外罩一件深色的外套。

大家在吃早饭的时候碰了面。塞内克斯已经在等着三个年轻人了。

"我们今天是在哪儿？"贝蕾妮克一上来就问。

"让我猜猜。"罗曼插上一句,"这些房子我好像以前见过……我想,我们是在德国。这个城市很小,但很重要,要不我们就不会来这儿。"

塞内克斯点点头。"对,这是德国中部的一个小城市,而我们现在是在十九世纪的头三分之一。"

"您这么一说,就不难猜了——德国与这个环境最符合的、最重要的人物是歌德。从昨天到今天,从拿破仑到歌德,这只是小小的一步。他们两个人甚至曾经见过面。我们是在魏玛吧？"

塞内克斯又点点头。"歌德虽然出生在莱茵河畔的法兰克福,但主要是在魏玛度过他的一生。今天是 1832 年 3 月 26 日,四天前歌德在弗劳恩普兰的家里永远闭上了眼睛。枢密官、魏玛王侯墓的建造者古德雷为他的墓葬做了设计。这个时候,日后的帝国创建者俾斯麦已经十七岁了。"

"难道要我们去看歌德的遗体吗？"斯特凡好像感觉有点别扭。

"中午时分我们去参加他的遗体告别仪式。"

斯特凡耸耸肩膀。"今天他不就是个纪念碑似的人物吗？"

"我要试着带你们更走近他一些。也许让你们在魏玛公园里散一次步会有帮助——歌德经常走这条路到他的花园小屋去。我觉得这条路很有意义,也希望你们会因此受到感染。这个人不是一座纪念碑,斯特凡,而是一种精神,是每一代人都该为自己找寻的精神。歌德是一个特殊现象——不仅在德国,在全欧洲、全世界也是如此;要知道,那时还没有德国,德国是在拿破仑时代过后才慢慢形成的。从他出发,可以向当时思想界所有重要人物引出一条直线。我会再提一下拿破仑,然后是席勒,音乐领域的杰出人物贝多芬、门德尔松,最后还有舒伯特。歌德与舒伯特虽然不曾谋面,但却激发他创作了最美的歌。"

"歌德认识到舒伯特的天才了吗?"

"舒伯特把他的作品第十九号寄给了歌德,但没引起歌德的重视。有悲剧意味的是,比歌德年轻很多的舒伯特却比歌德去世早。在魏玛,没人听他用歌德的诗谱写的歌;即使有人听,肯定也听不懂。对魏玛人来说,那些音乐太过丰富、晦涩,也太富于表现力。路德维希·凡·贝多芬在卡罗维发利见过歌德一次。贝多芬说他在'为《哀格蒙特》创作音乐',并为歌德用钢琴做了精彩的演奏;歌德希望自己能够喜欢这个'非同寻常的天才',结果却无法以同样的热情回应贝多芬。歌德认为,贝多芬的才华虽然让人惊异,但为人太狂放不羁——贝多芬厌恶世界,这并非全无道理,但这种厌恶对他和外界都没有益处。"

"贝多芬这样的天才大概不可能有别的感受,况且他也无法明白地说出自己的感受!"

"歌德和贝多芬是两个截然不同的人,贝多芬肯定给歌德留下了印象,而且也许比歌德承认的要深刻。歌德终生都在寻求和谐,而这种和谐在性格粗暴的贝多芬身上碰了壁,因此,为了保持自己内心的平衡,他对贝多芬不予理睬。开始他和席勒之间也是这样,但这个以后再说。既然你们已经吃完了早饭,我们就出发吧。天气很暖和,快到四月了。我们这就离开旅舍——这次我们住在魏玛有名的'大象旅馆'里面。"

绝不是一个黄金时代

他们斜穿过地势略微倾斜的广场,又经过一条小巷,到了一个同样倾斜又稍宽阔的广场。塞内克斯带他们走过这个广场,只提到歌德于1775年11月来到魏玛,时值启蒙运动时期,是在法国大革命爆发前。

他说:"魏玛当时是一个宁静的小城市,人口刚达六千。摄政公爵夫人安娜·阿玛莉亚的长子卡尔·奥古斯特刚成年,开始跟着母亲进行统治。五十年后,歌德回想起他,对艾克曼[①]说,年轻的公爵像是某种名贵的葡萄酒,还处在强烈的发酵过程之中,不知道该把劲儿往哪儿使。魏玛城和萨克森－魏玛－艾森纳赫公国都还处在他母亲的影响力之下。她鼓励艺术和科学,颇有成效,把魏玛变成了一个'缪斯之殿';她邀请重要的人物到魏玛,其中包括克里斯托夫·马丁·威兰——莎士比亚作品的翻译者。"

"他是第一个翻译莎士比亚的吗?"

---

① 歌德晚年时的忘年之交,记录歌德言谈而成《歌德谈话录》。

"翻译莎士比亚在当时可不是件简单的事。歌德还在莱比锡的时候,赫德就已经勾起了他对莎士比亚的兴趣,而威兰的翻译让他认识了莎士比亚。"

"赫德不也到魏玛了吗?"

"他比歌德晚一年到魏玛,是经歌德的介绍去的,他早就是歌德最亲密的朋友圈中的一员了。赫德是一位新教的布道者、神学家、哲学家和诗人。但我要再说说威兰,他创办了第一本德语文学杂志——《德意志信使》。威兰开始是虔信派教徒,但后来脱离了宗教,成了一个重视感官快乐、富于才智的人。他使德语更加优美、表现力更强,也在努力寻求感性与理性之间的平衡。"

"那我觉得他一点也没有'德国味儿'。"斯特凡喃喃地说。

"法国洛可可晚期那种启蒙、练达的文化在威兰身上刻下了深深的烙印,这种文化对他的影响比对歌德大。歌德刚到魏玛时,魏玛绝不是一个舒适愉悦的城市,战乱和革命的影响遍及各处。在优美之外,洛可可时代也是残忍的,比如会把年轻男子作为士兵高价卖给其他国家。就在歌德朗诵《伊菲革涅亚》的前一天晚上,安娜·阿玛莉亚的'缪斯之殿'旁边还举行了一场'夹道鞭笞'[①]。你也得把这位诗人、大自然的观察者放在这样的大环境中去看,那不是歌德所期待的、像希腊人那样的黄金时代。几乎没有人像当时那样要经历和消化那么多的变革与动荡——你们只消想想从马车到蒙戈尔菲耶热气球,再到蒸汽机和铁路的变化。"

[①] 受(100名到300名士兵)夹道鞭笞是旧时德国军队中的一种刑罚。

再没有比不工作的闲人更可怜的了

"歌德定居在魏玛期间,魏玛肯定变了,是不是?"

"作为部长,歌德参与了魏玛的变革,贝蕾妮克。歌德晚年时,魏玛已经到处都是新式学校,基础课程得到了改进,还有了穷人寄宿的地方。各种组织着力于慈善活动、教育、农业,甚至关心犯人的福祉——这些都是以前没有考虑过的问题。歌德很看重自己的公务活动,他在日记里写道:'忙碌的压力对心灵来说好极了,而一旦心灵卸下了重负,它就会更自由地游戏、享受生活。再没有比不工作的闲人更可怜的了,因为再美的馈赠也会让他恶心。'但他也说:'不得不做的事很难,但只有在做不得不做的事时,人才能显示出他内心的状态;任意而行,这谁都会。'你们要知道,莱茵河畔的法兰克福在歌德出生时(1749 年)不过是个三万六千人居住的小城市。法国重要的小说家司汤达描写过那里带有两英尺①顶层的木头房子、店铺上方雕刻得十分粗糙的动物形象、蹩脚的哥特式建筑和阴郁的太阳。歌德有个难得的快乐童年,因此他眼里的法兰克福大概与司汤达的不同。我想说的是,在歌德年轻的时候,法兰克福至少举行过两次公开处决犯人的活动,歌德的舅舅、参议员泰克斯托参加过玛格蕾特·勃兰特杀婴一案的审判。歌德写道,他不得不多次亲眼看见行刑的情景。"

---

① 约 61 厘米。

"玛格蕾特·勃兰特……一个杀婴女犯……"贝蕾妮克用疑问的目光望着塞内克斯,"歌德是不是以她为原型写出了《浮士德》中的格蕾琴?"

"歌德在《浮士德》中对这个不幸的人物也许做了诗意的美化。但我想指出歌德性格上的一个特别之处:对生活的黑暗面缄口不言。他不提这些,在公开场合也从不激动发火,就更不用说政治上的事了,但他会在日后的文学创作中流露出深刻的感触。他什么都经历了——洛可可时代、七年战争、普鲁士的弗里德里希大帝、启蒙运动、法国大革命、拿破仑的崛起和垮台……如果你读他的作品,你会觉得这一切似乎都不留痕迹地从他身边掠过去了,在他的文字中反映得极少,就好像他不愿记住它们。但,造就了他和他的作品的仍然是它们。法国大革命的血腥在他心中引起了无尽惊骇,他的回应却是更强烈地转向宁静和井然有序的大自然。在这一点上,他与席勒、克洛卜施托克,甚至威兰和赫德完全不同(这几位对攻占巴士底狱无不欢欣鼓舞),而歌德呢——他担心革命的风暴会将精神、文化置于危险的境地,但又批判寡廉鲜耻的波旁王朝。"

"他难道不希望出现变革吗?"

"他只希望社会像自然一样演进。在去世前十几年,他对艾克曼说,他不能赞同法国大革命,因为革命的恐怖触目惊心,这令他愤怒,而革命带来的积极后果他还看不到。他也不赞同专制统治,他深信,假如有公正的统治,就不会爆发革命。他一生都致力于加工历史材料,把它们从时代的限制中解放出来;他的象征艺术只对超越时间的东西感兴趣,他要刻画他称之为普遍的、人性的东西。但在漫长的一生中,他自己的转变其实也是巨大的。在生命接近尾声的时候,他终究看到了工业时代即将来临。"

"他不是批判了工业时代吗?"

"那时人们已经在谈论'人对人的剥削',不久就证明这是个爆破力极强的全新字眼。机器时代令歌德十分不安,然而他又在《浮士德》第二部里对它做了艺术上的升华。他看到蒸汽轮船和蒸汽机车正在驶近,技术影响了科学和艺术。孤独的创造者——个体——不复存在,也不再有万能的天才,有的只是四处奔忙、重利轻义的商人、团体和委员会。"

"我相信他一定很讨厌这些!"

"在他去世前一年,即 1831 年,歌德完成了《浮士德》第二部。他在日记里记道:'最重要的事完成了;收尾;全部誊清并装订完毕。'一个月后,他封好手稿,决定这部书在他死后才能付印。歌德的《浮士德》反映了一个时代向另一个时代的过渡。"

既是真实也是虚构的公园

这时他们已经深入伊尔姆河畔的魏玛公园。树木伸展着它们的枝杈,还没有披上绿装,但美丽的芽苞已在预示着树叶的声息。飞来飞去的鸟儿点亮了公园的色彩与活力;它们正寻找做窝的草秆。

"你们会感到惊奇的。"塞内克斯停下脚步站了片刻,手臂画了个大圈儿,"这个公园也是歌德的作品,至少是在他的监督下按照他的意图建造的。建造的灵感来自德绍附近的沃利茨园林。歌德关于花园的构想被他写在小说《亲和力》中。也就是说,歌德既在现实中造了一座大园林,也在文学创作中造了一座虚构的园林,这双重的创造很能反映他的性格。他本就不仅仅是伟大的诗人,他还是国家官员、部长、剧院经理、自然研究者、绘图家、收藏家……"

塞内克斯继续迈步向前。"我们已经提到了《浮士德》,歌德花了一生的时间写这部作品……"

"这个题材以前已经有作家写过了,是不是?"

"是的,没错,而且跨越了三个世纪。英国诗人马洛写的《浮士德博士的悲剧》也很有名。但若追根溯源,所有关于浮士德的故事都来自十六世纪时的一个人物,而只有歌德写出了世界级诗剧。他笔下浮士德的变化,也反映了歌德本人的思想发展——从年轻人的狂飙突进到年迈老人的智慧。歌德创造的这部作品是德语戏剧中最深刻的一部,故事随着海伦的出现达到高潮,而海伦是完美的象征。正如恩斯特·布洛赫所说的,歌德通过《浮士德》展示了一个乌托邦式人物的最佳范例;他也凭借这部诗剧成为德语文学的经典大师。不管从内容上还是从形式上,《浮士德》都是世界文化的一座高峰。"

"我们在学校里学它的时候可是费了九牛二虎之力。"斯特凡插嘴道。

"我承认,对中学生来说,这部作品很难理解;但到了青年时期你就会开始体会到它的魅力了。在一生之中,你都会时不时地回味《浮士德》,而在此之前你得先接触它。尝试阐释这部作品的著作多得不计其数,但其思想和语言的丰富永远取之不尽、用之不竭。"

"我也认为只读一遍是不够的。"

这时塞内克斯喊道:"到了!我们的第一个目标是歌德的花园小屋,这是卡尔·奥古斯特公爵送给他的礼物。"

整个自然是神性的表现

这座方方正正的小屋坐落在高处,浅灰色的墙,黑色的屋顶。一扇白色的花园小门直接通往屋前。众多的灌木丛和树木环绕着它。

进了屋子,他们也只迈了几级台阶,就到了歌德的书房。房间里布置得很简朴,朝向花园的一扇窗子敞开着。罗曼走过去,靠在窗台上向下望去。"他就是在这儿写下了那首名为《对月》(*An den Mond*)的诗:

> 静静地,你的清辉,
> 再次洒满丛林山谷
> 让我的灵魂

完全融于无形……"

塞内克斯指了指三张椅子，罗曼、斯特凡和贝蕾妮克便坐下了。"歌德是在一个冬夜里写下这首诗的。那一夜，伊尔姆河水漫过了草地……自然时常激发他的灵感，比如下面这首看似简单的诗：

> 一切的峰顶，
> 无声，
> 一切的树尖，
> 全不见
> 丝儿风影。
> 小鸟儿在林间梦深。
> 少待呵，俄顷
> 你也快安静。[①]

歌德把这几行诗句刻在了一幢打猎小屋的木板墙壁上。"

有片刻工夫，大家都沉默不语。随后贝蕾妮克开口说道："刚才说到《浮士德》的时候，我想起了'格蕾琴的问题'……"

"……一个关于信仰的问题。歌德对于信仰究竟持怎样的态度呢？他可是经历了启蒙运动的，而且他也知道莱布尼茨和斯宾

---

① 译文引自梁宗岱译本。

诺莎……"

"他称身为作家和艺术家的自己为'多神论者'——一个信仰众多神灵的人。但他肯定不是认真的。作为艺术家,他很熟悉古希腊众神;作为研究自然的学者,他又说自己是一个泛神论者,信仰着宇宙。我想,最后一种说法与他的身份最为吻合。在我看来,他信仰的'宇宙'显然不是基督教的上帝,不是个人化的神。神圣与尘世的事物是如此广阔,只有万物的感官一起才能把握一切。"

"感官?不是理智吗?"斯特凡拧起了眉头。

"对歌德来说,上帝是不能用头脑来把握的,而自然是神性的表现;上帝将精神反映在万物千变万化的形态中。歌德的作品证实了这一点。你们都知道,歌德花费在自然研究上的时间和精力一点也不比文学创作少。年轻时他就研究解剖学,到魏玛后,他的研究范围扩展到了植物学、矿物学和地质学,后来他还提出了关于骨骼和光学的理论。经验证实了直觉的认识。三十五岁时他就提出了一种进化过程,这比达尔文几乎早了一百年。他认为,动物和人的头盖骨都是由相近的椎骨发展而来的,而所有的形态都在运动、变化和消亡。对他来说,形态学是关于变化的学说;他对某种原始形式的存在以及一切生物间的亲缘关系深信不疑。"

"不知怎的,这让我想起了柏拉图的理念论。"

"你能想到这个很好,罗曼。歌德最后写出了关于动物形态变化的书,还在很多年里以传教士一般的热情研究颜色学,竟写出了一本超过一千页的著作。"

"但他的观点是错的。"

"从纯科学的角度看他是错的,贝蕾妮克。反对牛顿数学化的物理学和自然的可测量性,这是他的一桩谬误;他从观照出发,不愿将感性、主观的东西从对自然的解释中排除出去。然而这是个天才的谬误。他坚信,数学的、量化的自然科学只能研究自然领域中可测量的部分,而他看重的却是广泛的自然观,这种对自然的观照宣告了一种新的真理——当然这真理是不可证明的。他的目标是整个自然的统一,对他来说,所有单个的现象都是一个基本的原始现象的某种特殊形式,颜色也是这样。他激烈地反对牛顿关于白色中包含所有其他颜色的发现,他自己的说法是,所有的颜色都是由混合、由明与暗的共同作用形成的。哪怕这种说法不对,他的研究也极富启发性。"

塞内克斯向窗外望去。

逃出小城的狭隘

塞内克斯向花园里瞥了一眼,接着说:"在莱比锡上完大学后——他在那儿也学习了绘画和铜版画——歌德到法兰克福当了律师,并开始进行文学创作。1772 年,他到韦茨拉尔,进了帝国最高法院,并爱上了夏洛特·布夫。他青年时代的天才作品《少年维特之烦恼》便源于这次恋爱,在这部作品里,他发出了前所未有的新鲜声音。之后，他返回法兰克福，又创作了《葛兹·冯·贝利欣根》和《克拉维戈》，它们被视为'狂飙突进'时期①的代表作。歌德一下子成了名。他那时已经准备去意大利旅行，但在海德堡时，他收到了当时年纪尚轻的萨克森－魏玛公爵卡尔·奥古斯特的邀请信；结果他掉头回来，开始为公爵服务。在小城的最初几年里，他又爱上了矜持冷淡的夏洛特·冯·斯泰因——安娜·阿玛利亚的宫廷女官和公爵的马厩总管的妻子。歌德一边在管理部门工作，一边着手写作几部作品，但并未完成；此外他还研究矿物学和解剖学。但这些以及魏玛小资产阶级的环境都让他觉得狭隘且矫揉造作，他的自然研究也告诉他，繁忙的公务使他冷落了自己本来的兴趣爱好。终于，当他在魏玛待到第十个年头时，解脱自己的决定成熟了。"

"然后他就真的动身去意大利了，我想。"

"趁着去波希米亚一个温泉的机会，他在某个凌晨的三点钟匆匆出逃，时间是1786年，法国大革命爆发的三年之前。只有公爵知道他的计划，并答应给他留着部长的位子。"

"他走了多久？"

"两年，这是他格外多产的两年，也是对德国文学意义重大的两年。当他归来的时候，他很清楚自己已经成了另一个人。他获得了内心的、人性的伟大，变得更加热诚；他对感性的世界益发敞开了胸怀。他变得更加广博，变成了一个视公务为负担的艺

---

① 指德国十八世纪六十年代末至八十年代初在文学和音乐领域发生的变革，文艺形式从古典主义向浪漫主义转变，以歌德和席勒为代表。

术家、平淡的魏玛小城里的一个陌生人。这回他和年轻的克里斯蒂亚娜·武尔皮乌斯生活在一起。"

"这下他一定冒犯了社会吧?"

"人们当然希望他只是一时糊涂。克里斯蒂亚娜先是秘密前往花园小屋找歌德。她是个长着金色发卷、小资产阶级出身的图林根人,她的年轻、单纯、快活以及一派天真的感性吸引了歌德——尤其是在冷淡忧郁的冯·斯泰因夫人之后。斯泰因夫人比歌德年长七岁,她从未原谅歌德秘密逃往意大利的行为。歌德不仅与克里斯蒂亚娜相恋,不久后二人就成了生活上的伴侣。十八年后,两人在宫廷教堂里正式成婚。但我们说得太快了。刚才说到歌德从意大利回来,公爵解除了他的很多公务负担,使这位诗人可以更加专心致志地进行自然科学研究。这十年里,他完成了许多作品,其高潮是《浮士德》第一部,《亲和力》也令许多文学爱好者心潮澎湃。之后歌德又写下了《诗与真》——到魏玛时期为止的回忆录。对法兰克福银行家的妻子玛利安娜·冯·维勒莫的爱意促成了《西东合集》的创作,后来的人们一直无法搞清其中究竟哪些诗是歌德写的,哪些诗是玛利安娜写的。不管怎么说,歌德的文化研究使东方成了德语文学中常见的题材。《西东合集》将陌生与熟悉、深刻与戏谑诗意地结合在一起,它证明了歌德自身不断发展变化的能力,也证明了他永远年轻的心灵和想象力;它是德语文学中最动人的作品之一。后来,倾心于另一个人的无限能力又一次征服了这位年已七十四岁的老人——他爱上了优雅妩媚的十九岁少女乌尔丽克·冯·莱维措,并向她求婚。

来自外界的阻挠,再加上乌尔丽克迟迟不做出回答,到底还是让歌德放弃了。这最后一次伟大的爱——他自己心里很清楚这是最后一次——在《玛丽恩巴德悲歌》中留下了印记。他完成了《威廉·迈斯特》和《浮士德》的第二部。歌德全部作品的校勘本有一百三十三卷,外加几卷后来补充的。好了,我们走吧!"

他像是睡着了

贝蕾妮克第一个跑下台阶,在花园里她停下脚步,伸开双臂,转了好几个圈。"太美了,这春天的香气!还有这么湿润的泥土!"她挽住了斯特凡和罗曼的胳膊。

他们就这样走出了公园,走过宫殿,穿过广场。从那儿再到弗劳恩普兰的房子就不远了。红色而微微拱起的房子对面是个大水池,水哗哗地响着。有很多身穿黑色丧服的客人进入歌德的房子,也有女仆、伙计、孩子聚集在泉边闲聊着打水,把水倒进桶里,然后担着走开。一切都是那么有生气、有活力。没有人露出不耐烦的样子。有一个小男孩爬上泉水的石台,直接把嘴巴凑上去喝水。

塞内克斯走向房门。门厅的两侧是松柏枝。他们和穿丧服的客人一起进去,男人们都把礼帽拿在手里。前厅和走廊装饰成了黑色,人们向歌德的房间涌去。那逝去的人躺在棺材里,上身略向上倾,穿一件白色缎子做的衣服。一条黑色的天鹅绒毯子盖在他身上，胸部以上露在外面。他的左臂平放在体侧，右臂则弯曲着放在毯子上。他的头上戴着一顶桂冠。

"灵柩台后面，你们可以看到左边架子上有一顶镶着宝石的金冠，这是他的出生地法兰克福政府几年前送来的。"塞内克斯向他们解释着，"右边的台子上放着他的证书奖状什么的。中间还有一只古典风格的陶罐，上面挂着字幅——它们象征着歌德的作品。旁边是一架有金色花饰的里拉琴。周围侍立着守灵的人，包括大公爵图书馆和宫廷剧院的成员、艺术家以及射手协会的代表——你们说怪不怪，歌德居然还是射手协会的名誉会员。"

"他像是睡着了。"贝蕾妮克有点畏惧地说道。她感到压抑，因为她总共还没见过几个死人呢。

"马上就要到十二点了，到时候门要关上，很多人就得出去了。棺材将被合上，并于今天下午五点在丧钟声中送到王侯墓去。半个魏玛城的人都跟着去了，据当时的人说，葬礼的队伍由二十五个部分组成，车子一辆接着一辆，仪仗队、亲友、医生、宫廷剧院的成员……送葬的队伍有数百人，还有数千人站在街道两旁目送。"

他们走出房子，回到明亮的阳光下。门在他们身后关上了，前来致哀的人也只好掉头回去。

灵魂与肉体的统一

塞内克斯和三个年轻伙伴一起沿着街道慢慢走回来。街不长，向左一转，便通向一条宽阔的林荫大道。这是魏玛人喜欢聚集的地方，他们身边有很多人在闲逛。"再往前走一段，我们就到席勒的寓所了。"塞内克斯解释说，"但这儿有一家小餐馆，我们利用中午这段时光休息一下吧。"

他们走进餐馆，在离窗不远的一张圆桌旁坐下，点了些小吃。塞内克斯让他们安安静静地吃完，然后才接着刚才的话说："歌德是个很矛盾的人，认为自己是由很'极端'的特点组合而成的统一体。我们不能只看人本身，也应该看到这个人的作为。我们得把歌德作为一个灵魂与肉体的统一体来把握，否则我们就不能理解他和他的作品。"

"我看反正也没法儿理解。"

"有一次他问道：'我是谁？我创造了什么？我吸收一切，不管什么，只要是我听到的、观察到的，我就学习。我的作品从成百上千各不相同的人——傻子和智者，明智的头脑和愚人——那里汲取营养。'他说他也收获了别人播种的东西。'我的作品是集体的，却顶着歌德的名字。'既然如此，我们为什么不试着吸收他能够给予我们的东西呢？你们吃好了吗？那好，我们走上几步，去席勒的寓所看看吧。不过我们不进去，只从外面往里看一眼，再聊上几句——歌德起初根本不欣赏他。"

"他对海因里希·冯·克莱斯特还不是一样的态度！"

"对,克莱斯特他也没看准,而且没能修正这一错误,这点和他对席勒不一样。总之,他不知道该怎么对待浪漫主义。"

他们离开了餐馆。

浸透了革命的思想

不久他们就站在了一座窄窄的房子前,它比歌德的房子朴素得多。"考虑到席勒的出身、童年和青年时代,这房子还是能传达出席勒比歌德在财产上上升的幅度更大——歌德毕竟终生都生活在富裕的环境中,弗里德里希·冯·席勒则不同。他不是贵族出身,而且是在窘迫的环境下长大的。符腾堡公爵让他在卡尔军事学校里接受一种斯巴达式的严格教育。在大学里,年轻的席勒学习法律和医学,成了军医。但我不想给你们一一介绍他生活中的细节,我只想表明,席勒与歌德截然不同的青年时代也塑造了他们截然不同的性格。席勒 1759 年出生于内卡河畔的马尔巴赫,比歌德年轻十岁。他与歌德不同,很年轻就为启蒙运动的思想所激动,二十出头就写下了《强盗》。这部剧于 1782 年在曼海姆首演,浸透了启蒙主义的革命性思想。"

"在法国大革命爆发前七年,曼海姆的舞台上就先发生了一场革命?"

"当时革命的时机已经成熟了。席勒不想暴露自己的身份和姓名,他躲在包厢的角落里,肯定很担心被捕。但演出获得了巨大的成功，一下子就使充满叛逆精神的年轻作者名声大噪。观众沸腾了，人们互相拥抱、喊叫，握起拳头向着舞台挥舞，但不是在喝倒彩，而是由于心中充满了对统治秩序的痛恨。"

"歌德知道这一成功吗？"

"他当然得知了这一轰动的戏剧事件；他当时已经生活在魏玛，并得到了约瑟夫二世颁发的贵族证书。"

"那他大概根本不欣赏《强盗》。"

"他主要是从艺术性的角度考虑，觉得这出剧形式上不美、不成熟。《强盗》首演十年后席勒被法国大革命政府宣布为法兰西共和国荣誉公民——这层关系很少被关注，它表明席勒的名声已经超越了国界。但很快，席勒被法国大革命的恐怖惊得退缩了，开始集中精力研究康德。康德哲学对他产生了深刻的影响，使他的内心经历了一场转变。"

"而且由此向歌德靠近了吗？"

"他们之间仍然存在着一条鸿沟，即使席勒迁居到魏玛后也还是这样。据说席勒讲过：'这个人，这个歌德，让我想到命运待他有多厚，待我有多薄。'席勒在魏玛生活了七年，歌德这个枢密顾问都不曾注意到他。歌德'使很多人着迷，而他自己却无牵无挂，像上帝似的；他从不会把自己交出去'，这也让席勒产生一种抗拒心理。他讽刺说：'枢密顾问大人是个信仰自然的人，和他的崇拜者一起搞矿物学，出去采集花草，和纯洁的大自然对话，在精致的花园里铺路挖洞。'——席勒拿歌德'童真的单纯'和'他的崇拜者'寻开心。"

"真够刻薄的!"

"也许就是出于这个原因,歌德在公爵面前表示赞同席勒被召到耶拿大学去(而且没有薪俸!),好摆脱掉这个找别扭的家伙。然而,正是在耶拿,两个人进行了一场被歌德描述为'幸运的'谈话。两个人是在参加完耶拿'自然研究协会的一次会议后交谈起来的'。"

"他们是怎么搭上话的?"

"可能是席勒用了点心计。总之他很聪明,把话题引到歌德感兴趣的自然科学上,更确切地说,是歌德最喜欢的一个话题,即是否可能存在一棵原初植物的问题……坚冰敲碎了,局面打开了,歌德成了席勒计划创办的《时序》杂志的合作者,从此两人开始了一段传奇般的友谊,在这过程中席勒又回到了魏玛。好,这样一来,通过与歌德的合作,席勒得以把他所有关于艺术和哲学的思索转变成文学作品,写下了他的理论文章以及'古典主义'剧本,包括《华伦斯坦》《玛丽亚·斯图亚特》《墨西拿的新娘》和《威廉·退尔》,还有断章《德米特里乌斯》。所有剧本中的主人公都饱受责任与爱好冲突的折磨。我们又一次看到了一环扣一环的关联。"

"一种思想的进化过程?"

"一方面,假如席勒没有研究莱辛的天才著作,他就写不出这些作品;另一方面,要不是威兰已经翻译出莎士比亚那些关于国王的戏剧,席勒也写不出他的剧本。他从莱辛那里学到了明晰和精确,从莎士比亚那里学到如何将惊心动魄的历史题材搬到舞台上去。"

"两人之间迟来的友谊对歌德真的那么重要吗？"

"我们不可能看到一个人的内心，贝蕾妮克。但是我想，这场友谊对歌德确实是很有价值的。每个人，包括天才在内，上了年纪后都会感觉孤独——老朋友都走了。歌德的父亲去世了，他见了母亲最后一面。他的孩子中有四个都死了，克里斯蒂亚娜还活着。对席勒的好感使他得以避免陷入一种严重的隔绝状态。德语文学中最有价值的通信要归功于这十年的友谊；通过歌德和席勒，魏玛这个小城市成了德国文化的中心；到魏玛去的重要人物越来越多，比如威廉·冯·洪堡和亚历山大·冯·洪堡、哲学家费希特和谢林、天才作家让·保尔、作家奥古斯特·威廉·冯·施莱格尔和弗里德里希·冯·施莱格尔、《穿靴子的猫》的作者路德维希·蒂克、浪漫主义作家诺瓦利斯，还有哲学家黑格尔。1805年，年仅四十五岁的席勒因肺病去世后，前往魏玛的热潮也没有平息。两位伟大作家的棺木并排安放在王侯墓里。"

比德迈时期

市民生活的理想图画

街上不时有马车驶过,有时是农家车辆,偶尔还有人策马驰过。大部分人走在人行道上,妇女穿着宽大的曳地长裙,料子是不带图案的麦斯林纱或浅色的塔夫绸,再或是真丝,很多还戴着别致的帽子。她们的女仆则穿着蓝色的印花棉布裙。男子多穿燕尾服或深蓝、深棕、黑色的棉质短上衣,白色或浅黄色的针织裤子,打褶的棉布衬衣,还打着繁复的领带。上等阶层的先生顶着高礼帽,工人则戴鸭舌帽。

席勒寓所对面的一座建筑吸引了三个年轻人的注意力,不知怎的,它看起来不像是真的。

塞内克斯微笑了:"我们只管进去!"

走廊里灯光晦暗,墙上挂着一些铜版画。房间里的家具是浅色的,有椅子和一个五斗橱,五斗橱上方挂着三张剪纸。还有一个陈列柜，里面是些小摆设、瓷器、小人儿像什么的。一张展开的写字台上嵌有玻璃墨水瓶，瓶中放着一支羽毛笔，再旁边是吸墨的砂池。还有带条纹图案的窗帘，桌布则是碎花图案。对面的墙上挂着一幅画，上面画的是一辆邮车的到达，一个士兵枪刺朝上，迎接着它。

"这就是一个所谓的'好房间'。"塞内克斯开始了他的解说，"人们只在特殊场合才用它，它体现了某种艺术风格。"

"肯定是比德迈风格！"贝蕾妮克指着家具喊道。

"对。它体现了这个时期处在上升中的资产阶级家居文化。比德迈风格描画了市民理想的生活图景，这也体现在他们的居室中，我们今天还可以从当时十分受欢迎的风俗画中看出它们的样子。卡尔·施皮茨韦格堪称风俗画大师。这样的画展示日常生活，直观、舒适、平和、令人愉悦，正如市民阶级所希望的那样。海因里希·海涅在流亡法国期间曾中肯地描述过它：'在可爱的德国，一切可明朗、舒适得多了，美梦般的雍容、安逸！卫兵平静地走来，在宁和的阳光中，制服和房子闪着光，屋檐下燕子扇着翅膀，圆润的司法顾问太太们从窗子里向外微笑，大街上有足够的地方，狗互相嗅来嗅去，人们舒舒服服地站者聊剧院里上演的戏，若是有哪个上等家伙或者次上等的家伙穿着漂亮的衣服，饰着五颜六色的带子，或者哪个穿金抹粉的宫廷元帅雍容大度地翩翩走过，他们会深深、深深地鞠躬问候。'"

"德国原来就是这样。那法国、英国、意大利呢？"

"比德迈派风格只出现在德国和奥地利，斯特凡。我们这就去奥地利。"

他们惊讶地一齐看着塞内克斯。

他继续说:"这所房子有点特殊。我们不能总是在路上奔波,而在这段时间里,我们又得从一个城市到另一个城市,从一个国家到另一个国家。不过在进化公园里没有奔波的必要,一切都设计好了。这次和之前在耶利哥那样——我们穿过一所房子,便到了另一个国家。这次我们是去奥地利的维也纳,实际上,我们已经到了,只是你们还没看出来。好了,比德迈风格对后世没有什么大影响,人们只不过把这个小小的世界看成某种风格而已。工业文化欣欣向荣,类似的东西以前还从没有过。不过你们还是先休息一会儿吧。"

三个年轻人坐到铺着花桌布的圆桌旁那几把浅颜色的椅子上。

"我们现在面对的是一种新现象:此前手工业者创造并制作自己的产品,这其实和艺术的性质相去不远。过去,产品是在作坊里用手做出来的——你们知道如今人们赋予'手工制造'的产品以什么样的价值。但这一切突然之间全变了,大工业产生了,随之而来的是大批量生产,为此就需要有模子,其造型主要是由考虑排场的资产阶级决定的,他们是最主要的买主。"

"而这塑造了人们的趣味?"

"这时产生了我们今天称之为'设计'的东西。但在革命带来的变革中,市民阶级有好长时间举步不前,像一大群慢慢腾腾的人似的,构成了安稳的一极。他们把目光往回投向一个过去的世界,在那里,人似乎曾经过得舒服又安逸。他们维护植根于过去的那些价值；对他们来说，启蒙运动的思想非常遥远。"

"我看，这和今天一样——至今也没什么转变。"

君主势力的中心

走出房子的时候，迎接他们的是环绕着树木的广场，它较长一边的尽头有木制栏杆遮挡，外面是一段很陡的坡路。在坡路的底端，大片房屋参差交错地伸展着，是典型的大城市景观。一大片山墙之中，一个更尖、更突出的屋顶和一座哥特式大教堂的钟楼耸入天空。

"我们是在维也纳森林。你们眼前就是奥地利的皇城和圣斯蒂芬大教堂。你们看见霍夫堡皇宫了吗？再远处是美泉宫，那边是巴洛克时期的杰作美景宫，曾抵抗土耳其人进攻维也纳的萨伏伊的欧根亲王就住在那儿。多瑙河岸上的普拉特绿地也已经出现了，那儿设起了旋转木马、秋千、演戏的帐篷，是个大众娱乐场所；大转轮是后来才建的。在拿破仑被囚禁在厄尔巴岛，以及他最终在滑铁卢彻底失败并被放逐到圣赫勒拿岛期间，维也纳一直是欧洲的政治中心，那是在歌德去世十七年前的事了……"

"我猜您指的是维也纳会议吧？"罗曼倚在栏杆上。一缕缕烟从烟囱中冒出来，雾气笼罩在那一片屋顶的海洋上，空气中弥漫着烟味。

"拿破仑的死对头梅特涅亲王试图建立新的欧洲秩序——或

者，更好的说法是，他想复辟欧洲的老格局，让法国大革命就像没发生过一样。通过他，维也纳从一个国家首都变成反变革势力的中心。当时简直根本谈不到宪法了，哪儿也没有像维也纳那么多的皇帝、国王、公爵、侯爵、伯爵、男爵汇聚着，而每一位都带着他的妻子、女官、情妇、大臣、首相、外交家、仆役……简直把整个朝廷都搬来了。维也纳的霍夫堡皇宫成了蚂蚁巢。外交家和他们的侍从进进出出，传递文件、便条、机密信件和复杂烦琐的协议。俄国的沙皇亚历山大一世也在其间——人们背后议论，说他去参加舞会比参加会议频繁得多；他向所有美丽的夫人献殷勤，卷入多起桃色事件，还喜欢匿名混迹于舞女群中。当时华尔兹成了时髦，跳舞的人都为之疯狂。几年之后，约瑟夫·兰纳和施特劳斯父子将华尔兹推到了巅峰。华尔兹不再是宫廷音乐或古典音乐，而是每个人的音乐，是平易近人的音乐，并且真真是恋人的音乐。满街飞的传单上写着：'俄国的亚历山大——他替所有人恋爱；普鲁士的弗里德里希·威廉——他替所有人思想；丹麦的弗里德里希——他替所有人说话；巴伐利亚的马克西米利安——他替所有人喝酒；符腾堡的弗里德里希——他替所有人大吃大嚼；奥地利的弗朗茨皇帝——他替所有人付钱。'这个维也纳是一个没完没了地举行着盛筵庆典的城市，霍夫堡皇宫里、贵族的宫殿里，没有一天是不开舞会的……这个维也纳现在就在你们脚下。"

"维也纳会议原来在跳舞！"

"不仅是会议，跳舞的激情攫住了每个人。"

"这么说娱乐不再是上等人和富人的特权了?"

"最普通的市民也在公共舞厅里汇聚一堂,贝蕾妮克,而维也纳有很多舞厅。奥黛昂已经开了,它是全城最大的舞厅,几乎有一百五十米长、三十四米宽的大厅里面可以容纳一万多人——你们想象一下那是什么样的排场吧!舞会时得有三个乐队同时奏乐才行。约翰·施特劳斯的父亲是维也纳宫廷舞会的指挥,为舞厅落成开张创作了《奥黛昂舞曲》,并把乐队规模扩充到七十名乐手。有些人一跳就是一个通宵。"

哼唱,跺脚打出节拍

"严肃音乐也很繁荣。那时候还没有不插电音乐和电子音乐的区别。约翰·塞巴斯蒂安·巴赫在莱比锡去世后,维也纳就成了欧洲音乐的首都。第一个不能不提的是海顿,他出类拔萃,可又往往被人们低估。他的影响主要在维也纳和艾森施塔特。1780年莫扎特来到维也纳时,海顿四十八岁。1792年,贝多芬从波恩来到维也纳,想成为海顿的学生。他的资助人瓦尔德斯泰因伯爵给他写信说:'现在您到维也纳来了……莫扎特的靠山还在哀悼他的死……'——莫扎特一年前刚刚去世——'您将以毅力和勤奋从海顿手中获得莫扎特的精髓。'"

"但贝多芬成就了自己的独特风格。"

"为了把这条线索续完,贝蕾妮克,我只想再提一下,1797

年弗朗茨·舒伯特出生于维也纳,贝多芬那时二十六岁。好,我们回过头来接着说贝多芬——我们去他的住所吧,离这儿不远。我说'他的住所'的时候,你们可别从字面上去理解,因为贝多芬从没有过属于自己的住所,这个住所也只是他暂时居住的地方之一。他经常搬家。"

他们走在一条略有些上坡的路上,最后面前出现了一座低矮的灰白色房子,依着地势建在坡上。

"我们进去吧。"于是他们穿过内院,走进一个楼梯间,马上就听见一种奇特的声音——一种哼鸣,大声而含混不清的哼唱,还时不时伴着用脚击打节奏的声音,踩得木头地板一个劲儿地呻吟。

书房里,那位大师坐在桌边,旁边是一架钢琴。贝多芬俯身在乐谱上画出一个个音符,笔上的羽毛上下翻飞。他一再地抬起头,用手打拍子,然后又低下头去继续写,划去不要的,写上新的。

"贝多芬的耳背恶化得很快,"塞内克斯解释道,"仅仅两年,他就陷入了死寂的世界中,只能靠内心的'听觉'了。"

屋子里一片混乱,地板上到处是雪片似的谱纸,椅子上摞着高高的纸堆,堆得乱七八糟。桌子上,玻璃杯被满是污迹的谱本挤到一边,旁边是没拾掇的餐具。贝多芬浓密的黑发竖在头上、散在额头上和他鼓鼓的圆脸上。他的脸上因为害天花留下了疤痕,浓密的眉毛下深陷着一双不安生的眼睛,正闪闪发光。下巴藏在脏兮兮一直向上延展的络腮胡子下。上门牙向前凸出,鼻子又宽又扁。他的外衣穿得歪歪斜斜，满是污渍。这个时代最伟大的音乐家是个有力的小个子，内心的张力外露。有时他似乎在凝神谛听，就像格外敏感的聋子常做的那样。

"他这么一副尊容，日子肯定不会好过。"贝蕾妮克悄声耳语道。

"主要是在社交界不好过，而他的委托人和资助人又都来自那个社交界。他绝不是个英俊的男子，人们嘲笑他的小矮个，还因为他的黑发而叫他'摩尔人'。晚年时他曾叹息道：'噢上帝，长着像我这么一张悲惨的脸的人，该是多么痛苦啊！'"

"可如今全世界都拜服在他脚下！"塞内克斯把贴着墙的一个箱子上的书和乐谱推到一边，腾出的地方将将够三个人坐的，斯特凡又拉过一把椅子，上面的东西被他堆到桌上。

"贝多芬年轻时从他的出生地波恩来到维也纳，不久莫扎特听了他的演奏。贝多芬是个出色的钢琴家，名声已经传到了布拉格和柏林。在贝多芬用莫扎特提供给他的主题弹了一段变奏曲之后，莫扎特说：'注意那个人吧，有朝一日他会让全世界的人都谈论他的。'不过，给你们讲这件轶事，我觉得很不好意思，因为它简直尽人皆知。但这件事确实证明了伟大的音乐家之间的关系——不仅是通过外界的偶然，而更是在音乐上——虽然他们各自的音乐语言都那么独特。他们在音乐艺术进化的意义上彼此相承。很能说明贝多芬特点的是一个同时代人的评价：'这就是那个在我们失去了莫扎特之后将给我们以慰藉的人！'海顿的另一个学生在谈到贝多芬的即兴创作时写道：'在我听过的所有创作随想曲的艺术家中，没有一个能接近贝多芬达到的高度……他心中涌起的乐思之丰富、他的激情、他处理技巧的多样性、他表现的或创作的音乐难度，都是言之不尽的。"

"可他的家境很贫寒！"贝蕾妮克插上一句。

"他年轻时受的创伤从不曾愈合，他也从未能忘掉令人压抑的贫穷，就更不用说所有受过的屈辱了，而且他还不得不眼看着他的父亲被酒精一步步毁掉。可惜，他的日子和命运越是悲惨——尤其是因为耳聋的加剧——他就越是频繁地到酒中寻求安慰；这可能也是他受肝病及其他病痛折磨并且死得较早的原因之一。"

贝蕾妮克充满同情地向大师那边看了一眼，悄声说："我真不明白，一个作曲家、音乐家外加杰出的钢琴家怎么能忍受耳聋呢？如果是在今天，可能他的耳聋还有的治。"

"每个人的命运都不仅仅是由家境和天赋决定的，时代也起着作用。巴赫是在一次失败的眼睛手术后死去的，这在今天可能只是个再平常不过的小手术而已。贝多芬则聋了耳朵。他的《海利根施塔特遗嘱》是一份动人的文献，反映了他心灵上所承受的折磨，在世时他从没让人看过。幸亏他能够用眼睛聆听——我们在蓬波萨的修道院里经历了线谱的发明。晚期他所有的作品都非常杰出，他的音乐在全世界的音乐厅里回荡。"

浪漫主义

逃进理想的梦乡

塞内克斯把外衣抻平，四个人离开了贝多芬的房间，出了院子。贝蕾妮克、罗曼和斯特凡感觉到时间又已悄悄变换了。他们随塞内克斯沿着巷子漫步，各自沉浸在思索之中。树木的绿叶闪着光，鸟儿飞来飞去。塞内克斯又把他们领到了那个可以俯瞰维也纳的广场上。

"贝多芬1827年去世，比歌德去世早五年，享年五十七岁。我们现在离开他也是合逻辑的，因为随着他的去世，维也纳古典主义也到了尾声，浪漫主义临近了。"

斯特凡说："启蒙运动的人才刚刚把'理性'写在旗帜上，我想，理性可不是浪漫主义的特点。"

"十九世纪初，作为一种艺术风格，浪漫主义从人们对技术发展和资本主义弊端的不满中诞生了。它接替了古典主义，让人们从现实中逃进理想的梦乡。当时，法国大革命在文化上造成的震荡还在起作用，人们对启蒙运动的理性主义心生失望，感到自己被孤零零地撇下了，因此希望能够在无意识领域和大自然中得到充实。这不是政治上的反对革命，而是在非理性的道路上寻求心灵的丰盈。人们想让生活之中流贯着艺术，于是他们回望中世纪、罗马风格和哥特式风格，或者寄希望于未来。人们还发现了童话和传说的丰富与精髓……"

"那是格林兄弟。"

"有好几个名字值得提及，而且不限于德国人；但浪漫主义像宗教改革一样，主要产生和存在于德国——这其中表现出强调感觉的北方对南方罗曼语族理性占统治地位的拒绝。浪漫主义者避开'此地''此时'，转而到别的地方去寻求他们的快乐。他们搜集古老的诗歌，感受着神秘、梦幻和疯狂的吸引；他们希望以此避免一种无家可归的状态，那让他们充满痛苦。"

"什么样的无家可归？"

"一方面，人们不再有中世纪那种由信仰而来的绝对安全感、庇护感；另一方面，不断变革和进步巨大的新世界也令人感到陌生。这产生了乡愁和对远方的渴望，出现了很多'不带目的的漫游'。浪漫主义者渴望孤独，并沉浸在他们自己的痛苦中。"

"妇女不是在浪漫主义中扮演了重要的角色吗？"

"是的，贝蕾妮克。精神生活的中心是女子主持的沙龙，这在德国主要指的是卡罗琳·冯·施莱格尔、贝蒂娜·冯·阿尼姆和本来姓莱文的拉埃尔·瓦恩哈根·冯·恩泽；她们都是各自文学沙龙的中心。这个时代最杰出的女性包括音乐界的范妮·亨塞尔——作曲家费利克斯·门德尔松-巴托尔迪的姐姐,还有克拉拉·舒曼。浪漫主义的音乐转向了较为短小的形式,并试图与诗歌相结合;在这种追求中,新的音乐形式——艺术歌曲——便繁荣起来;维也纳人弗朗茨·舒伯特成了这方面的大师。但我们无法去探访舒伯特的住所,因为他搬家比贝多芬还勤,在三十一年的生涯中搬了十七次家,总是处在动荡和对孤独的巨大恐惧中;他尽可能去找朋友,实在不行的话甚至回到他不喜欢的父母家里。他几乎从没迈出过维也纳一步,即使出门也是去非常近的地方。1828 年 11 月,贝多芬去世后仅一年,他便也去世了,但他已经成了一种新风格的代表。理查德·瓦格纳讽刺说,他就像一块海绵,挤他一下,便挤出音乐来。但是让他出类拔萃的并不是作品的数量,而是作品的质量、深度,以及那呼出深情的每一个音符。从舒伯特身上我们看到,要跻身不朽艺术家的行列,并不一定要拥有对知识、教育、哲学或者自然科学的了解;舒伯特懂得如何在音乐中探索人类生存的高度和深度。"

"用表达痛苦的方法吗?"贝蕾妮克问。

"为什么一定是痛苦呢?还有欢乐啊!但人们不仅是在音乐中开辟了新的道路,所有的艺术形式都反映了浪漫主义带来的世界观方面的转变;浪漫主义绘画的时代也开始了,我在此只提一下德国的卡斯帕·大卫·弗里德里希,以后我还想再介绍一位我挚爱的英国画家。"

"您挚爱的画家?这您可勾起我们的好奇心了。"

塞内克斯继续说:"可我们现在还在德国。在这儿,中世纪的历史、传说和童话被重新发现了,并做了艺术上的加工。以前从没有过这么多的小说、这么多重要的小说家——在法国有司汤达、巴尔扎克、维克多·雨果;尤其是雨果,他说过:'让我们把锤子砸在旧的理论、体系和诗艺上!让我们把遮盖艺术真面目的旧墙饰拉倒!'他以此要求人超越古典诗艺。在德国和英国,浪漫主义文学也欣欣向荣。我首先得提的是克莱斯特和诺瓦利斯。在英国,沃尔特·司各特为历史小说奠定了基础,成为浪漫主义典型的有雪莱、济慈和拜伦男爵。要我选出该讲给你们听的人是越来越难了。我不能略过英国年轻的狄更斯、萨克雷、勃朗特姐妹,俄国的普希金、屠格涅夫、陀思妥耶夫斯基和托尔斯泰赢得了世界声誉。从狄更斯和陀思妥耶夫斯基那里我们可以看到浪漫主义到现实主义、自然主义的过渡。"

"我想,这也和现实世界有关。"斯特凡插话道,"由于技术的发展,现实世界肯定有了巨大的变化!"

"最主要的是,十九世纪文化的发展深深地刻上了科技成就以及工业发展中的新发现、新发明的烙印。人们对电子技术有了最初的认识。煤气带来了光。人们学会了从石煤焦油中提取人造颜料和药物,并开始制造钢和铝。科隆工程师尼古拉斯·奥古斯特·奥托设计出了内燃机;另外,摄影术发明出来了——它不是力量型的,但却以另一种方式对世界进行了革命。"

塞内克斯考虑了一下:"我现在应该把你们往哪里引呢?我们去了魏玛的歌德和席勒那儿,他们代表了德国文学的一个时期。我们看过贝多芬,他是维也纳古典音乐的高峰。但总的来说,歌德、贝多芬和——我现在要提一个新名字了——黑格尔的时代正是德国历史以及欧洲历史的高峰。自文艺复兴和宗教改革以来,德国再没经历过类似的繁荣,三十年战争带来的严重后果给它造成了太过深重和持久的创伤。我也想带你们去英国伦敦,但我们不能跳过哲学家黑格尔,而且在文学和音乐后再讲点哲学也不错,所以我打算先带你们去柏林。朋友们,到我们那座有魔力的房子里去吧!"

唯心主义

令人振奋的清新，澄澈的光明

塞内克斯走向他们不久前才离开的房子，一支蜡烛照亮了走廊。塞内克斯引着他们走上另一个方向："我们往东北方走！"

当他们再次走出房子的时候，立刻便感觉到空气的变化。和维也纳弥漫着烟雾的空气相比，这儿的清新令人振奋，明亮的天空是那样澄澈。

"柏林！"塞内克斯喊道，"普鲁士最大的城市，自拿破仑失败后，它在欧洲的影响越来越大。普鲁士成了德意志的领导力量。古时的雅典在波斯战争后一度成了古希腊的文化教育中心，而这时的柏林是一个思想的中心。人们开玩笑说：'世界精神乘着一辆车来了，在柏林大学黑格尔教授的课堂里下了车。'"

他们面前呈现出一个宽阔的广场，其尽头是一座宏伟的建筑，高高的栏杆把它与外界隔开，两个侧翼在建筑主体前围出一个场子。主楼中间的入口处装饰有六根柱子,一直伸到三楼;带状缘饰之上是六座雕像。

"这就是柏林大学。它成了人文科学领域举足轻重的高等学府,而黑格尔也在其中起了很大作用。"

贝蕾妮克、罗曼和斯特凡不由得想起了近一个星期前(或者说两千年前)看到的毕达哥拉斯学园,因为,和那里一样,在这儿他们也遇到了进进出出的年轻人。但两者的差别可大了:在克罗托内的阳光下,年轻人都显得很开朗,穿着轻便而透气,而且女孩几乎和男孩一样多。可这里几乎看不见女孩子,最多只有一两个,还捂得严严实实的,从远处根本无法辨认性别——裙子长得一直拖到了地面,胳膊一直到手腕处都遮住了,衣领则又高又紧。她们的头发梳得紧紧贴着头皮,并且藏在帽子底下。至于眼睛——她们目光一律直盯着地面,决不会去看哪个青年男子,更不用说向他微笑了。

庄严的大门通往一个授课大厅,里面已经坐得满满的,讲座马上就要开始了。讲台上的教授"蹲"在那儿——总之姿势很怪,你不能说他是"坐"着。

"这就是格奥尔格·威廉·弗里德里希·黑格尔。"塞内克斯将声音放轻了一些。

"他的讲座被认为是无聊的,但却又那么重要,以至于引来了越来越多的听众。最后,全欧洲的大学生都来了,因为黑格尔建立起了康德之后的最为完整、最有影响的思想体系。作为老师,他不那么让人喜欢,而且讲课很一般,你们马上就能听到了。此外，他对女大学生全无好感。他和奥古斯丁、托马斯·阿奎那一样，始终囿于对女性的传统偏见，认为女孩的命运就只有结婚，她们的爱情与婚姻必须是一致的。按照他的观点，男人与女人的差别就像动物与植物的差别那样大。"

"哼，这可是越来越妙了！本来我还指望一个哲学家能批判并超越他那个时代存在的弊端，为一个更好的未来画出蓝图呢。"贝蕾妮克脸都气红了。

"那时候的人普遍认为不能为此指责他。他并不敌视妇女，反而和一个比他年轻二十岁的普通女性过着幸福且感情深厚的婚姻生活。婚前在耶拿时，他和女房东有一个私生子。那是个男孩子，黑格尔承认了他并且把他接到家里。此外他还就爱情说过一些很动人的话：'爱情的真理是什么？爱情真正的实质就在于失去了对自我的意识，在另一个自我中忘却了自己；然而在这个自我消失的过程中、在这种忘我中人才真正找到并拥有自我。'"

"听起来确实不错，但这不能为他对妇女的狂妄态度开脱！"

"我们究竟为什么来黑格尔这儿呢？"罗曼这时插上了一句。

"因为他是德国唯心主义的思想大师。"

"'唯心主义'是什么意思？唯心主义的代表是否都是理想主义者、或多或少与世人格格不入的狂热分子呢？"

"不是的。这个词来自'理念'。位于这一体系中心的是绝对的理念，是自然，是精神。'唯心主义'指的是这样一种哲学：它的出发点是，一切都可以由理念和理想导出来并为它们所解释，包括存在和世界观。"

"也包括实际生活吗？"

"是的。也许不说'生活'，而说'实际生活的态度'更好些。作为价值，理想应该决定人的行为以及个人的判断；人的生活应该遵循伦理和审美的理想。与极端唯物主义相反，唯心主义认为，一切事物（包括物质）能够存在都是由于非物质（也就是精神）的存在，精神的实质则被定义为自由。"

"那黑格尔怎么说？"

"他为此发展出了最为全面的哲学体系之一，斯特凡。而且，他的思想方法对人文科学和政治思想产生了很大影响。"

"这是什么意思？"

"黑格尔的基本思想是，任何一个正题都必然生出一个反题。他那部被说成是既令人信服、富于挑战性又艰深难懂、令人泄气的主要著作对马克思、克尔凯郭尔、海德格尔和萨特都产生了巨大的影响。马克思和恩格斯接受了黑格尔的辩证法，但却把绝对唯心主义整个颠倒了一下，赋予辩证法以唯物主义的基础。卡尔·马克思相信，相互竞争的经济体系必然会相互撞击，社会主义终将占上风。黑格尔对基督教，尤其是新教神学也有深远影响。但你们还是先好好看看他，更重要的是听他讲几分钟。他今天上的可以说是本学期的结语课——对你们来说也是如此。他会给自己的主要思想做一个概括，也许有些脱离了前后关联，但我还是希望你们能有所收获。"

一切现实的都是理性的，只有理性的才是现实的

贝蕾妮克注意到，黑格尔是多么怠懈忧愁地坐在那儿，而他说起话来又是那么仓促。他不停地清嗓子、咳嗽，干扰自己的讲课，句子与句子都像是割裂开的，费了很大的劲才乱七八糟地讲完，成了断片。一个个词和音节好像都很不情愿被说出来，但还是被他那带着施瓦本方言的平淡声音赋予了某种强调感，表现出它们的重要性。

三个年轻人感到，集中精神听他讲是件很难的事——是的，他们越是听，越是竭力集中精神，就越是听不懂，罗曼恨不得溜出去才好。他先想，还是照顾一下塞内克斯的情面吧，可渐渐地，他的好奇心上来了，而且越来越强，终于变成了兴趣。

塞内克斯小声说："黑格尔讲的东西主要出自《精神现象学》，但也掺进了《逻辑学》等其他著作中的思想。他坚信自己把乍看之下一片混乱的精神现象归到了一个科学的体系之下。《精神现象学》和《逻辑学》是德国唯心主义哲学史上最重要的著作。在《精神现象学》里，他研究了不同精神现象的形式及其阶梯式的自我意识过程。他描述了意识从健康的人类理智出发，发展为真正知识的过程，以此为哲学奠定了基础。"

现在他们认真地听了起来。黑格尔用那种仓促的方式说着："自然生活和精神生活的一切现象都可以从精神的实质中推导出来。全部的现实是绝对精神的自我发展、自我展开，其基本前提

是，一切现实的都是理性的，只有理性的才是现实的。"

塞内克斯又转向罗曼："这是黑格尔最重要的一句话——至少是他被引用得最多的一句话：'理性的是现实的，现实的就是理性的。'"

那哲学家埋头在他面前那些纸里找着，然后接着说："哲学的意图是，正确对待现实。在现实之中有很多负面的东西，自然法则与我们对人道主义的设想相对立，当精神在血泊之中跋涉，这情况就更加严重。我们今天研究的对象之一是'全体'，我视其为世界精神，这样我就可以说，真实的就是全体。一棵植物的真不在于它的芽苞，也不在于它的花或果实，不在于任何单个的部分中，而在于所有这些的集合。'真的'必须被理解为时间的系列。芽苞、花和果实是顺次出现的，它们是一个发展过程中的必要时刻。如此，上帝也不是'存在'着，他是'形成'着，他在通向我们的路上。他曾被看作超越时间并因此而超越自然史和人类史的主，现在却被归在时间之内了。上帝也处在时间之中。"

罗曼皱着眉头喃喃说道："天啊，你的话真够晦涩的！"

黑格尔像是找不着线索了，把那些纸翻来翻去，然后含含糊糊地继续说下去：

"关于我们的逻辑学，我的理解和以往人们的理解也不同。我在我的逻辑学里试图阐述的，是上帝在造世界之前便有了的思想。亚里士多德把逻辑学理解为由概念、判断、结论组成的关于思想形式和法则的学说，但这只是逻辑学的一部分，因为作为一个整体，逻辑学关注的不是人类思维的形式或内容，而是精神，是超越了时间和空间而处在纯粹的'自在状态'的理念；因此概念和逻辑表述都不是思维形式，而是客观实体。世界精神的发展分三个阶段：第一阶段是世界被创造出来之前的精神，它是逻辑的对象；第二阶段是处在'外化'之中的精神，也就是它经过渡变成它的对立面，变成自然，它是自然哲学的对象；第三个阶段是回复到自身的精神，处在发展的顶点、哲学的顶点，能够通观完整过程的全貌，它是精神哲学的对象。"

"好家伙！"贝蕾妮克叹了口气。罗曼抽抽鼻子，从眼角里瞥了贝蕾妮克一眼，充满理解地扬起一边的眉毛。

"黑格尔在耶拿写了《精神现象学》，而且是在法国军队步步逼近的时候。"塞内克斯小声说，想帮他们更好地理解这位伟大的哲学家，"黑格尔亲眼见过拿破仑一次，他在给朋友的信中写道：'我看到那位皇帝、世界之灵魂骑马出城去巡察。这种感觉真是好极了，他在这里，骑在一匹马上，聚精会神于一点，志在统治全世界……他从星期四到星期一所获得的进展，只有他这个非同寻常的人才能做到。'"

黑格尔一副筋疲力尽的样子，继续讲着："重要的是把握现实的中心，按辩证的步骤进行思维，这些步骤依次分为正题、反题，最后在合题之中达成和解。存在的一切维度都在一个整体中辩证地统一在一起。人类的所有思维和现实都充满矛盾和对立，唯有矛盾才使更高意识的发展成为可能；通过对立与综合的辩证过程，世界走上通向完美的道路。"

克服、保持、上升到更高阶段

塞内克斯又轻轻地对他的三个伙伴说:"这太重要了:在《精神现象学》里,黑格尔就运用了他独特的辩证法方法——正题、反题、合题带动发展,在发展的过程中扬弃了必然出现的对立。'扬弃'这个概念有三层意思:克服、保持、上升到更高阶段。"

黑格尔好像又一次失掉了线索,结结巴巴地往下说着,不停地翻着他的本子,一会儿往前翻,一会儿往后翻,也不知在找什么:"在思维的出发点,也就是在对爱情的追问中——爱情既是人类道德的表现,也是一种自然的需求——就实际存在着对立与和解。我也相信,在历史和各个民族的生活中有一个终极的目的。人类的理性和外部自然是一种绝对的两面,我称这种绝对为上帝。在此我指的是一个世界中的上帝,一个世界精神,它原本是统一的,后在历史中作为反题被分解为两种形式。不只是人类的理性,从根本上来说自然也是精神的。哲学认识到,作为一个整体的绝对精神历史地产生分化,于是精神作为历史发展的综合,找回自我。我说'理性的就是现实的,现实的就是理性的',意义就在于此。"

"对黑格尔的批判也正在于此。"塞内克斯解释道,"因为他指的不可能是现实,而只是他的哲学思维。但我们具体的人不仅是认识着的动物,也在实际行动着,对我们来说,现实总是矛盾的,而且也还没有处在发展的末端。"

"现在您也像黑格尔一样说话了。"贝蕾妮克被逗得小声说道。

黑格尔还在那儿讲，深灰色的便装从肩上滑了下来："现在我还要给你们说说我的最爱——哲学。我的理想不是圣徒，而是智者。我不承认人类理解力的未来发展有界限。目标，也就是绝对知识，或者说知道自己是精神的精神，在它的路途中拥有不同精神的记忆。但在达到这个顶点之前很久，哲学就会认识到，真实的世界不是我们看到、触摸到的那个世界，而是由关联与规律性构成的，它们赋予世界秩序和尊严，以及没有写出的法则——这些法则让太阳和星星运行，并构成非人的世界精神。哲学家会忠诚地为这一绝对理念服务，并在其中找到他景仰的对象、他的自由和一种平静的满足。"

"阿门！"贝蕾妮克嘟囔道。

"这听起来确实像宗教——反正我是这么看的。"斯特凡小声说。

"你们最好是听他说。"塞内克斯回答，话音里带着柔和的责备。

哲学是上帝的现实的完成

黑格尔继续讲下去。他脸色苍白，死气沉沉，但并不是激情的消耗，而是被持久的思想、怀疑、寻找、摒弃弄成这样的。"我看到了绝对知识和形而上学之间的综合，这里也包括艺术和宗教。对我而言，不仅有以抽象和测量为媒介的认知，还有文学语言向我们指出的知识或问题，由它们出发，人的需求要求我们在神学中思索人的有限性。有一段时间人们很清楚这是另一种知识，和只建立在数学、逻辑学基础之上的知识不同。人们从一开始就认为，在这里不能用与自然科学中相同的思维方式去认识，它需要另外一种才赋。我的宗教哲学，我可以这样来概括：作为宗教发展最高阶段的基督教，与真正的哲学是完全一致的。全部的哲学不是别的，就是证实基督教的核心真理——上帝是爱、精神、实质、主体和永恒回复自我的过程。对我来说，哲学不仅是为人服务的绝对知识，也是上帝的现实的完成。"

斯特凡迷惑地把一条腿架到另一条腿上，扶正眼镜，罗曼则已经在他的位子上往前滑到了不能再滑的地步。

"如此，哲学之哲学，即人与神的精神的自我认识在我思想的尽头便面临着一个哲学家所能面临的最高任务。此外，宗教就是一个民族定义在它看来是真的东西的处所；因此，这种关于上帝的观念构成这个民族存在的基础。"

斯特凡怀疑地望着塞内克斯，小声问："这是不是意味着黑格尔是信教的？"

"不能这么说。黑格尔晚年远离了宗教。他虽然还承认宗教对性格形成及社会秩序的意义，但他太重视理性了，以至于神学的不确定性、圣徒的痴迷、对震怒的上帝的敬畏和僵化的仪式对他都不再有什么意义。青年时的他与荷尔德林、谢林同住时，曾和他们一起为法国大革命欢欣鼓舞。到了成熟的年龄后，他便致力于让基督教信仰与他的辩证法统一。"

"他成功了吗?"贝蕾妮克问。

"不太成功。他的追随者后来把他的上帝解释为非人的法则或宇宙的理性,把不朽解释为人在尘世造成的持续影响。不过,在他看来,革命犯了一个错误,那就是把宗教宣布为它的主要敌人,而他认为宗教是理性自我呈示的最高表现。"

黑格尔的前额、双颊,甚至是嘴边,都像是布满了皱纹。有时他的身形显得很衰老,但是当一个思想抓住他的时候,他的脸就会在刹那之间生动起来。他直起身子喊道:"生活的目标不是幸福,而是完成。如果一个伟大的人物出生在一个恰当的时代,他就会推动发展——哪怕他害得整整一代人遭殃。"

他沉默片刻后,又断断续续地说下去:"哲学要把握当前的事物,而不是假设彼岸。国家作为当前的事物,应该作为一个自由的王国去统治——是通过法律,而不是通过专断。但哪里有法则,哪里就有理性,也就是可以被认识的和应该被认识的理性。所以我要再说一遍:'理性的是现实的,现实的是理性的。'全部现实都处在形成的过程之中,它不是巴门尼德那个静止地存在着的世界——他宣扬实体的统一和永恒;现实是赫拉克利特的那个形成中的、流动着的世界。"

"他指的是那个说'Panta rhei'——'万物皆流'的哲学家。"塞内克斯低声说。

"全部的现实,所有的思想和事物,历史、宗教和哲学都处在不间断的发展中,而且是通过消除内部的矛盾,通过不停向复杂阶段迈进的步伐而发展的。"

"这让我觉得很现代。"斯特凡喃喃说道,"但是永远向复杂阶段迈进——这不是熵的反面了吗?"

塞内克斯震惊地看了那男孩子片刻。"这真的会把一切都颠倒过来,值得好好思考。"然后他又接着说,"在此黑格尔暗示的又是他的辩证法,以及由正题、反题、合题组成的谈话艺术:一个思想自身也包含着它的矛盾,发展它,与它做斗争,最后统一起来,形成一个新的但同样会变化的形式。"

这时,黑格尔就好像听到了斯特凡提出的质疑似的,紧张地说:"我把历史分成三段——东方的、古典的以及基督教的。在它们的先后顺序中,我看到了持续的发展。在东方世界,一个人有统治其他人的自由;在古典时期,某个阶层可以让其他人做奴隶,臣服于它;基督教世界则追求所有人的自由,因为每个人都拥有一个灵魂。"

"这么说可够大胆的。"斯特凡喃喃说道。

为所有思考着的人升起的太阳

黑格尔紧接着又把他的话校正了一下:"但在奴隶贸易这件事上,这一追求遇到了抵抗,直到法国大革命才将这种矛盾从世界上消除掉。从这个角度看,我甚至要为这场变革唱颂歌——或者最好是说为这场革命的头两年。这是一次壮丽的日出,所有思想着的人都共同欢庆。后来盲众的暴力行为使日出变得阴暗，但血污终于被洗清了，人们迈出了重要的一步。"

"黑格尔认识到法国大革命带来了什么样的改善——包括给德国人带来的改善。"塞内克斯解释道，"比如拿破仑的《民法典》、许多封建特权的废除、人与财产的自由。"

可以感觉到，黑格尔快要结束他的讲座了，为此，他很是高兴，说起话来也放松多了："世界历史的进程——我已经说了——是一个意义重大的、有目标的事件。世界精神为了实现它的目标所运用的手段，是单个人的行动。位于个人之上的是世界历史上的重要人物，但是他们认为自己是在追求自己的目标，实际上，'狡猾'的理性利用他们为普遍的目标服务，他们只是在执行世界精神的任务。出于激情，他们在路上践踏了一些无辜的花朵，摧毁了很多东西，这只会让那些不理解什么是真正伟大的老师烦恼。天才不是榜样，但他们也不是沾沾自喜的自私之徒。拿破仑不是为了征服而征服，他是（不管有意还是无意）欧洲寻求统一和共同法则的开路先锋。但天才如果不能体现时代精神，那就毫无办法。个人则是代价，是牺牲品；他们的自由只在于选择成为一个普遍的道德整体的成员。——现在，朋友们，我要结束了。哲学提出的唯一思想是单纯理性的思想；理性统治世界，世界历史的进程也是理性的。在世界历史中，现实也是理性的，是唯一、必然的发展结果。"

"对此我可表示怀疑。"斯特凡嘟囔道。

那哲学大师就像卸下了一副重担似的把本子匆匆归置到一

起,拽正歪歪斜斜的便装,然后便离开了课堂,根本没注意听众的鼓掌声和噼里啪啦合上桌子盖的声音。

塞内克斯也迅速站了起来,学生们还在往书包里塞他们的纸张、书本时,他已经和三个年轻人离开了大教室。在大学前面的广场上,栏杆的影子长长地映在沙地上,像某种装饰似的。

激进的学术三人帮

塞内克斯指了指一段凸出的墙,他们半站半坐地靠了上去。塞内克斯开始解释:"黑格尔晚年在柏林教课。你们已经听出来了,他是施瓦本人,一辈子也没去掉他的口音。在生命的最后几年,他声明自己认为普鲁士国家是理想的政府形式,它实现了自由。我给你们讲了,他年轻时曾为法国大革命感到欢欣鼓舞。革命爆发时他十九岁。"

"那时他和荷尔德林、谢林是同屋?"

"对,他在蒂宾根神学院学神学,与哲学家谢林和诗人荷尔德林组成了一个快活而激进的学术'三人帮',他们不只欢庆法国大革命,还重新定义了上帝,将斯宾诺莎、康德和费希特的学说整合起来。黑格尔后来不再想成为神职人员,这当然毫不奇怪,因为自由的思想对他的影响太大了。除了斯宾诺莎外,他还读了马基雅弗利、霍布斯、莱布尼茨、孟德斯鸠、洛克、伏尔泰、休谟和康德的著作。比起今天,那时候人们更看重读书,黑格尔勤奋地读那些书，而他那本来就动摇不定的信仰被这些怀疑主义者弄得更动摇了。他很年轻，充满了矛盾精神，他成了异教徒。巴士底狱被攻占七年后，他写了《耶稣的生活》，但有很长时间都没有拿出去发表。在这本书里，他激烈地抨击了《新约》，远远早于他的学生大卫·施特劳斯。黑格尔指出，耶稣是木匠约瑟和玛利亚的儿子，而不是上帝和玛利亚的儿子。他拒绝相信耶稣的奇迹，尝试用自然的原因解释它们。书的结尾是钉在十字架上的叛逆者被埋葬，而不是复活。但更重要的是，黑格尔那时就对上帝下了一个定义，而且后来终生没有改变过：对他来说，神性只在于纯粹的、无限的理性。"

"我觉得这听起来像启蒙运动。"

"只是，黑格尔用唯心主义去填充理性的概念，而这是启蒙主义者那里所没有的。至于黑格尔的生活，我只想说，他先是受雇当家庭教师，后来，在歌德的帮助下，他在耶拿大学得到了一个教书的职位，由魏玛大公爵供给薪俸。黑格尔的主要著作也是在耶拿写成的。后来黑格尔离开耶拿，又在其他几个地方待了一段时间，最后到了柏林。六十一岁时，他死于霍乱。"

"这么说他也是医学落后、卫生条件差的牺牲品了。"贝蕾妮克说。

"而他居然还认为普鲁士是个理想的国家？"罗曼满腹狐疑地问。

"黑格尔认为，普通人没有能力选择出优秀的统治者，因此他拒绝民主。"

"他是个反变革者吗？"

"这么说他不公平，我们应该考虑到时间和地点。在拿破仑之后的混乱之中，有竭力要恢复旧王朝统治秩序的保守政府。黑格尔大概已经老得不能再表述什么颠覆性的思想了，在他看来，用没有经过检验的理论或是盲众的统治来取代旧的统治形式太过冒险。他更希望有一个能保证思想自由和宗教宽容的统治形式，但也仅此而已。他凭借《法哲学原理》成了受认可的普鲁士国家哲学家。他忠实于自己的思想——'理性的是现实的，现实的是理性的'，他把普鲁士国家看作历史发展的高峰。"

"我想，不是所有人都喜欢听他这么说！"

"但是，他把建立一个自由的立宪君主国的主张与建立宪法政府、废除农奴制、承认犹太人的主张联系起来，我认为这很重要。"

"确实。"贝蕾妮克的脚尖在地上画着一个图案。

现代存在主义之父

"黑格尔对普鲁士国家的尊重为俾斯麦铺平了道路。不管怎么说，我已经暗示过了，索伦·克尔凯郭尔、卡尔·雅斯贝尔斯、埃德蒙德·胡塞尔、马丁·海德格尔和让－保罗·萨特都通过《精神现象学》清楚地看到了人的生存竞争，在这个世界里，没有上帝的指引，人必须自己寻找出路。在这个意义上，黑格尔是现代存在主义之父，而存在主义最杰出的代表人物是让－保罗·萨特以及更早一点的马丁·海德格尔。但在说他们之前还要先说点别的。黑格尔是魏玛的教授，而歌德是他的国家部长，两个人结成了一种友谊。1827年，黑格尔去魏玛走访他的老朋友时讲道：'在美丽的公园里，又走上这条熟悉的、二十五年前走过的路，问候伊尔姆河的河岸和它的微波，听到那不朽的歌。'他以此证明了他有着一颗敏感的、易受诗意感染的心灵。歌德也写过关于黑格尔的文章：'这个思想极其敏锐细腻的人很早以前就是我自然观点的朋友了，尤其是在关于颜色的问题上。'他在这里指的是颜色学。在另一封信里，他对黑格尔不能在魏玛待得更久表示遗憾：'他的书是模糊难解的，这是因为我们不能因为需要而去掌握它；但它将会在生动的谈话中成为我们的财富，因为我们会发现，在基本的思想上，我们和他是一致的……'

"黑格尔声称他反对牛顿关于颜色的学说，而赞成歌德的学说，歌德对此很高兴，给黑格尔写信说：'您是这样热情、这样坚定地赞同由我重新提出来的古老的颜色学说，这令我不得不对您表示双重乃至三重的诚挚谢意，我确实需要朋友和认同者，来让公众听到我的见解。'"

"连天才也不能缺少认同！"

"黑格尔也不行。虽然他讲起课来漫不经心，话也说不清楚，但他还是一个受欢迎的客人。在他死后，黑格尔学派兴盛起来，但没有朝着统一的方向，而是分裂成两个对立的派别——'黑格尔右派'和'黑格尔左派'。'右派'是尊重黑格尔的每一个字的好学生,只是在对《圣经》的历史批判方面与黑格尔有分歧。与之相反,'左派'则加强了黑格尔对宗教和政治正统派的进攻,他们对黑格尔统一上帝与理性的做法做了如下的阐释:自然、人和历史都服从于不可更改的、与人无涉的法则。他的学生费尔巴哈是这样说的:'关于上帝的知识是人自身本质的知识。'这意思是说,宇宙的理性只有在人的意识中才存在,只有人才能想出宇宙的法则。与之不同,马克思则把范畴的辩证发展转变成对历史的经济学阐释,据此,阶级斗争是历史的主要承担者并挤走了英雄人物;他对黑格尔的了解只限于他的文章。"

"现在我清楚您为什么向我们介绍黑格尔了,他虽然难懂,却产生这么大的影响,太厉害了。我想,人们肯定是发现他的思想很有魅力,以至于可以忽略他艰深的表达方式。"

"好,在此我还可以引用叔本华的话。针对康德,叔本华认为人可以认识到,阴暗的不总是无意义的;但他接着说——你们好好听着——'过去人们只在疯人院里听到过的全无意义的胡诌、胡凑在一起的唇枪舌剑,终于在黑格尔这里端到桌面上来了,成了最笨拙粗俗的故弄玄虚的工具,获得了后人眼中传奇般的成就,始终是德国式"Niaiserie"的一座丰碑'。"

"原来不只是作家互相咬,哲学家也这样。"罗曼笑着说,抓抓后脑勺,"请问'Niaiserie'是什么意思?"

"意思是'瞎扯、胡闹'。"塞内克斯回答说,"但我觉得用这个来总结黑格尔是不恰当的。叔本华是个出色的思想家,如果不考虑他对黑格尔的这番猛烈批判，倒值得听听他对人的悲观主义见解。"

"这您说过了。"斯特凡回道。

否定，进步的一个必要因素

塞内克斯学贝蕾妮克的样，在沙子上画了一个正方形。"我还得补充一点重要得多的东西。黑格尔在世界历史中看到了上帝存在的正当性。对他来说，解释这一正当性，可以让人理解世界的负面，包括恶。比如，1755 年摧毁了里斯本的地震、在拿破仑的战场上阵亡的人，甚至整个民族被屠杀殆尽也是合乎理性的。他想要让思维着的精神与世界中负面消极的东西和解，因为他把否定看作进步的一个必要因素。"

"好啊，谢谢！"贝蕾妮克抹掉了她的图案。

"啊，您要说的在这儿呢，塞内克斯——黑格尔的这个观点恰恰为纳粹狂徒、为希特勒屠杀犹太人提供了辩词。他们可以按自己的理解诠释黑格尔的说法——大屠杀虽然是残酷的，但说到底是理性的，因而是必要的！"

"事实上就是这样，斯特凡。黑格尔的《精神现象学》也经常被拿出来与歌德的《浮士德》做比较。在《浮士德》中，梅菲斯特说他自己是一股总要做恶事却总是创造出好的东西的力。把这话颠倒过来，黑格尔是总想做好事但却做了恶事的力。"

塞内克斯接着说:"我们本来还应该讲讲费希特和谢林,他们和黑格尔是那个时期德国哲学的三颗巨星。但在选择的问题上我又为难了。费希特是三人中年纪最长的,但他作为一个人和一个作家比他的著作更有意思。他也在耶拿教过书,是个令人着迷的演讲家,但也许他太热烈、太容易激动了。谢林称他是一个'非常受欢迎的作家'。从他的书中可以读出一个失去信仰、正在信仰与怀疑之间寻求出路的人的渴望。他越是上年纪,就越是倾向于基督教的虔诚和爱国主义。他的代表作是《对德意志民族的演讲》,试图唤醒德国人对历史的自豪感,但这更属于政治活动,因为他以此激起人们与拿破仑斗争的热情。也因此,德国民族社会主义者宣称费希特是他们最喜欢的哲学家之一。"

"您对谢林有什么可以说的?他是不是比较重要?"

"我们可以这样说:对他那个时代来说,他肯定更重要些。你提这个问题很合适,贝蕾妮克。谢林接近浪漫主义者,他赞同肉体的兴奋,公开承认女性的美在精神和肉体两方面都令他激动。他认为精神与物质是一个复杂、统一的现实的两个不同方面。他丝毫看不上那种仅仅诉诸理性的哲学,认为这样的哲学不可避免地会回到斯宾诺莎,而对他来说,斯宾诺莎的逻辑是如此僵化,简直没有任何活力。他认为力和能量是物质和精神的实质,并认为一个始终存在的上帝既不能是物质也不能是'自为'的精神,而是由无数力量综合起来的物质与精神的统一体。谢林的《自然哲学》既关乎诗艺,也关乎哲学。他为所有那些被科学征服并被搞糊涂了的、渴求信仰的人寻找一种新的、超验的确定感。黑格尔死后，谢林在柏林顶替他的哲学教席达十年之久，步入高年的他成了神秘主义者。但他没有能力吸引他的听众。当时世界的变化简直是疾风骤雨式的，物理和化学上的新认识、新发明一个接着一个，各种科学都经历了繁荣。查尔斯·达尔文的著作不久就要从根本上动摇旧的世界图景的根基。有些东西你们还会看到的。"

"这么说又要去英国了？"

"是的，但不是马上去查尔斯·达尔文那儿，因为我迫不及待地想向你们介绍我最喜欢的画家，他的大胆和现代性，直到今天还有影响力。"

"我都等不及了，您快讲吧。"

"他就是威廉·透纳。"塞内克斯说，然后停了片刻，就好像他要充分欣赏这个名字的声音效果似的，"走吧，我们去伦敦。要知道，我本来很犹豫，因为去威尼斯也可以，威廉·透纳在那儿画出了最美的水彩画。本来也该提及的丢勒更早之前也去了威尼斯，他在越过阿尔卑斯山去南方的路上画的水彩画很值得关注。好，走吧，我的朋友们，穿过我们的魔术房子。"

比马车还快

穿过走廊，他们走到另一扇门前。等他们再次到外面的时候，迎接他们的是一个雾茫茫的、风雨欲来的夜晚。空气滞重地压迫着他们的肺,其中弥漫着烟尘、烧木炭火的味儿以及从烟囱里出来的浓烟。他们站在港口的防波堤上,左右都是好几层高的库房,其中伸出些滑轮,样子像脚手架。坚硬的铺石路面上,一辆辆载着板条箱的马车、手推车来来往往,酒桶滚来滚去,黄麻卷摞得高高的。码头墙边,下了锚的帆船桅杆晃来晃去地在水面上悠荡。海鸥、燕鸥、乌鸦在这一切之上盘旋、尖叫。

一只带两个轮子的架子聒噪着从广场上穿行而过,轮子之间坐着个戴高礼帽的男子,两腿不停地蹬着。塞内克斯指着让三个年轻人注意看:"这是最早的自行车之一。巴登的管林员德莱斯·冯·绍尔布隆已经设计出一种'跑轮',并于1817年进行了实验。冯·绍尔布隆认为,人跑步时,如果不需要抬起全身的重量,就会跑得更轻快;因此他相信,一个坐着的司机只需要较少的力气,在耗费相同能量的情况下,能比用两条腿走路的人前进速度快。可当时街道还很差劲。你们现在看到的是经过进一步发展了的——一辆带驱动后轮的脚蹬子的自行车。它是苏格兰的一个名叫科尔克-帕特里克·麦克米伦的铁匠制造的。当然它还没有完全成熟,还没有安上弹簧,但它已经有了可以用的车把。你们眼前这个骑车人的速度已经超过马车了。"

似乎为了证实塞内克斯的话,立刻就不知打哪儿出来了一辆马车,只由一匹马拉着跑过广场。骑车人毫不费力地超过了它。"这是当前最受欢迎的马车类型。它只有一米二宽,可以坐两个人。底盘很低,上下车更加容易。最早的汽车就是从这种方便的结构中发展起来的。"

骑车人消失在一堆板条箱后面了，就像舞台上的木偶消失在幕布后面。马车则驶向一艘废弃的帆船。一个拎着小箱子的男子跳下车来，匆匆跨过甲板上一块窄窄的木板。

"这可能是一个医生，被人招来看病的。"塞内克斯喃喃说道，"这种布鲁姆（有篷单驾四轮马车）尤其为医生所重视，因为它让他们可以更舒服地赶到病人家里去。"

右边一条两侧都是房子的街道通到广场，从那里又出来了一辆由三匹马拉的车，有长长的蓝色车厢，是他们还从没见过的样式。车后部有一扇很宽敞的门，还有几节盘旋式的台阶通到车顶。车顶上有护栏，围着几条板凳。车停下来，门开了，几个人跳下来，同时车顶上也有乘客站起身来，有妇女拽着她们长长的裙子走下台阶。

"这是世界上第一条公交路线。"塞内克斯解释道，"你们肯定知道，'Omnibus'这个词来自拉丁语，意思是'为所有的人'。这也是造这种车的初衷——它应该运送所有的人，不分性别、年龄、阶层，只要付很低廉的车票钱就能坐。不过车还是由马拉的。这条线 1828 年起运行，一次可以运送二十二名乘客。当时伦敦已经是一个百万人口的大城市了。短短三十五年后就有了第一条地铁线——当时的发展就是这么快。"

"那我猜，人们大概头都晕了。"

"英国也有了第一条铁路，从利物浦到曼彻斯特；1830 年时，这条线上就有了第一个客运火车站，这是为了唤起人们对这种新式交通工具的信任。火车站是用石头造的单层建筑，有宽大的窗户、柱子和装饰。在建筑以下三十米的深处——你得走无数的台阶——有两条轨道通到一个几公里长的隧道系统中。有八列火车为通车典礼做了准备，车上载了一千多名贵宾。斯蒂芬森本人驾驶了其中一个机车头。火车通过了一片漆黑的隧道，这就已经够轰动的了。虽然人们都很紧张，但还是觉得此行挺舒适。然而，一桩不幸的事故给这件大事蒙上了阴影——一位贵宾摔了一跤，当天晚上就死掉了。尽管如此，车还是开到了曼彻斯特，随后返回，于昏暗的夜里到达利物浦。两天后举行了这条路线的公开运营典礼。在大洋彼岸，北美也兴起了铁路热潮。"

突然间，塞内克斯又把三个年轻人的注意力引向水边——一只帆船刚刚返航归来。只见一个中等个头的男子被绑在桅杆上。

塞内克斯解释说："他并不是囚犯，这样做只是要保证自己不会被冲到水里去。"

可不，那人头也不抬，一味低头看着用一根皮带从他脖子上吊下来、水平置于他面前的板子。他正聚精会神地画着，帆船进港、靠岸、下锚一概与他毫不相关。他戴着顶很紧的皮帽，穿着一件有防水夹层的长外衣以及高筒的橡胶靴。船停稳后，他才把自己解下来，踩着码头上的木板离开——留下一个黑色的身影，胳膊下夹着画板，另一只手里拎着个小箱子。他急冲冲地穿过广场，向左一拐，消失了。

"那就是他！"塞内克斯没做更多的解释，只说，"天黑了，而且天气也不好，我们最好就此找过夜的地方吧。今天够长的，我们去放松一下！"

他们今天的住处和其他房子左右相接，连在一起，简直认不出来。

第十晚

工业化时代

作为价值的印象

色彩、光与影

饭菜很好,量也很大,但是细节不值一提——要不是从维多利亚时代的殖民地汲取了些烹调艺术的精华,英国菜就是那么回事儿。

"您还是再给我们讲讲那个看起来闷闷不乐的人吧!"贝蕾妮克提议道。

"就像我已经说过的,他工作时让人把自己绑结实。"塞内克斯回答道,"他要为大自然、波涛、激浪画速写,好让他回去后能够在画室里再现那些自然力的激荡——但并不是以精确到极点的自然主义的方式,而是将其作为印象来表现,作为'Impression'——我是有意用这个词的,因为这用在他身上很适合。直到拿破仑失败、大陆封锁取消后,他才得以从英国前往意大利,并且去了很多次。他在那里获得了重要的印象,尤其是在威尼斯和罗马。六个星期之中，他画了一千五百幅速写，并且在返回英国后对其中的一些进行了加工，在色彩、光与影方面做了新的尝试，甚至让影子都说起话来。他也参观了卢浮宫，并为塞纳河创作了光亮透明的水彩画。跟其他那些从不迈出家乡城墙一步的同行相比，他在这些旅行中学到了更多的东西。他统领了英国的绘画界，影响力远至欧洲大陆（虽然没那么快）。他在色彩的丰富和大胆上超越了所有画家；他几乎不再着眼于形状，并以此获得了极强的感染力。"

"我觉得，浅浅的勾勒比精确的摄影术更能激发人的想象力。"

"我也这么想，罗曼。透纳画上的轮廓越是模糊，就越能给人忠于自然的感觉——这就是他的天才之处。但当时的人却指责他描绘色彩、不表现形状，而这些色彩看起来也过于随意了。"

"我能想起他的一幅画。"贝蕾妮克说，一边闭上眼睛，在脑海里搜寻着，"那肯定是在一个画展上，我记不清画的是山脉、山峰，还是太阳和天空。光，也许还有云，黑色和黄色的云，笼罩在几乎看不见的山上。"

"他画的房子和人往往只是暗色的小块儿、不显眼的斑点、笔触。"塞内克斯补充道，"这样一来，自然就更是压倒一切，尤其是天空。有时候你会以为他的画上除了太阳和云以外什么也没有，哦，当然也有山和波涛汹涌的海。但是，他把光线请到了绘画中，这是艺术上最伟大的发现之一。他创作了欧洲油画和水彩画中光最充盈的作品。他向人们展示出，光线不仅是一种现实，而且是可以用万千种方式去表现的激情。没有哪个画家对自然现象的了解能比他更多。他捕捉转瞬即逝的光——日出、暴风雨、薄雾,为绘画增添了从未有人描绘过的自然现象,而且以后也不会有人画得像他那么完美了。"

"听您这么一说,透纳应该是一个印象主义者,比法国的印象派还早。"

"的确,透纳是一个技艺卓绝的印象主义者。无论法国的印象派多么令人叹服,他们都不曾超越透纳。德加、莫奈、毕沙罗和雷诺阿几年后写信给一个伦敦的艺术商说,他们永远也不会忘掉,'在这条道路上,有一位英国的大师——著名的透纳——走在他们的前面'。透纳将一切都转变成纯粹的色彩,不只是光,感觉也变成了色彩。他反对持续了数百年之久的主题和样板,反对过时的规则,反对僵化的传统和奴隶般地忠于现实以及由此而来的对想象力的蔑视,他的批判成了浪漫主义绘画风格中最强大的声音。我们很难想象这是怎样一个革命的过程,因为几百年以来,只有那些可以触碰、捕捉的事物才被认为是现实的。"

"我们今天还是这样!"

"所有被公众认可的艺术都力图塑造形体,或是通过体积,或通过线条。与威廉·透纳同时代的英国画家威廉·布莱克就曾说过,'如果不是正确、清晰的线条',还有什么能区分诚实和欺骗呢?透纳年纪越大,就越是执着于光的魔力;他的绘画对象几乎让人无法分辨,取而代之的是引人入胜的色彩、光芒和深重的阴影。正是歌德的颜色学说激发他创作了后期的几幅作品,其中的光和色几乎吞没了一切——他最后在威尼斯画的作品给人超凡脱俗的、先知一般的感觉。"

"您简直是陶醉了呢，塞内克斯！"

"可能吧，斯特凡。每个人都有自己最喜欢的、偏爱的东西。虽然你可以说威廉·透纳一点也不可爱，既不迷人，也没风度，但他是一块未经雕琢的宝石，是一个离群索居者。他自己几乎从不曾快乐过，他还说过：'其他人卑鄙地对待我。'只是到了我们这个时代，他的天才才被认识到，后来许多艺术方面的发展，他在很早之前其实就已经做到了。"

从艺术到技术的过渡

塞内克斯喝了一口红葡萄酒，这种葡萄酒是从法国进口的，其产地曾是英国人的地盘。

"人们那时候已经开始摄影了，对不对？"罗曼问。

"对，而且我觉得这是从艺术到技术的过渡。摄影本是技术，却介入造型艺术之中，并产生了深远的影响，它还从绘画那里夺走了一项重要任务。"

"摹写现实，对吗？"

"你说得对，贝蕾妮克。摹写现实——摄影在这方面确实做得更好，也简单精确得多。但是那时候还没有彩色摄影。"

"摄影是怎么开始的？"

"十八世纪初，萨勒河畔哈雷城里一位名叫舒尔策的市民发现了银盐类物质的光敏性。真正开始摄影的是法国学者约瑟夫·涅普斯。1827年,他在锡盘上涂上一层沥青,然后放到'摄影暗盒'里感光。有光落下的地方,沥青凝固,其余部分则被溶解,这样便留下了一个可见的图像。但涅普斯的'相片'还无法保存,直到1839年,一度是他合作伙伴的法国画家雅克·达盖尔才做到这一点。他是把一张感光的银盘冲成正片,但是这种所谓的'达盖尔银版摄影法'也有缺点。"

"可我喜欢它!"贝蕾妮克喊道。

"它是不可以复制的,那时候每一张达盖尔银版照片都是孤版,达盖尔还曾激烈地反对复制照片的方法。孤版当然极有价值,但也限制了它们的可能性。英国物理学家、化学家福克斯·塔尔博特在达盖尔之后仅五年就发明了冲出负片的方法,由负片可以再洗出纸质的正片。"

"摄影术开始乘胜前进了!"

"那时,人们可以拍摄风景、街道、建筑、人(男人、女人、贵族、工人),也可以拍交通工具、城市风光、时装等,而且可以随意复制。"

"于是风景明信片出现了?"

"旅行越来越普遍,风景摄影也迅速流行起来。摄影唤起了人的激情,到处都有人带着装在三脚架上的盒子,它看起来又大又奇特;他们把头钻进一块黑布,在承影毛玻璃上把图像调清楚——可能是在勃朗峰前,可能是在埃及吉萨金字塔前,也可能是在那不勒斯湾旁冒着烟的维苏威火山前,或是在雅典卫城的帕特农神庙前。贝蕾妮克,旧照片对我们来说有一种魅力,肯定也是因为它讲述着一段业已流逝而永不再现的时间。"

"您说摄影术改变了造型艺术,我很认同。"

"它把绘画从对精确模仿自然的追求中解放了出来——虽然这种观念是渐渐地才传播开来的,尤其是因为摄影术还需要很多的发展步骤才达到较高水平。"

"而这高水平现在又在被数码摄影超越了。"

"这些只是技术上的多样化罢了,可以说是从一棵原初植物中长出来的新生事物。不管是过去以化学为基础,还是现在以数码技术为基础,摄影术都越来越多地作为一种艺术被人们接受了。"

大众的时代

我们越来越多地遇到集体现象

塞内克斯给自己续上葡萄酒,说:"新发明像雨后春笋般冒出来,不仅是在欧洲,大洋彼岸的北美洲也是这样。有些发明家本是艺术家,比如美国的塞缪尔·莫尔斯,他是著名的画家,创作浪漫主义风格的肖像画、历史画和风景画,后来凭借莫尔斯电报机成为重要的发明家。拿破仑时代就出现了快速传递消息的尝试(要是把烽火也算上,那还早得多);但直到有了旗语,人们才能在视野范围内通过旗语台传递比较精确的消息,只是还受制于光线和天气。在人们能够通过金属线缆发射电信号后,这种情况迅速改善了。莫尔斯虽然不是电报的发明者,但对其进行了决定性的改进——通过莫尔斯击键和莫尔斯电码。他想出了电磁电报机的主意,并申报了专利。开始时人们是在纸带上写出锯齿形的符号,后来他用长短不一的信号来代表字母,在接收者那里出现的则是线和点——这就是莫尔斯电码。莫尔斯电码的应用时间很长，尤其是在航海中，它可以拯救生命。莫尔斯电报机的第一条试用线是在华盛顿和巴尔的摩①之间建立的。"

斯特凡把眼镜推正。"也就是说，这时传递起消息来更容易了，还有了最早的火车，旅行也快多了。"

"不仅快多了，也频繁多了！从现在开始，集体现象随处可见。个体后退了，集体排斥了个体。当然了，过去的朝圣者也是成群结伙的，但每个人都要靠自己的力量对自己负责。"

"现在呢？"

"人们由此做起了集体的生意，而这一功绩……"

"这是功绩吗？"

"考虑到世界人口急剧增加，这当然是功绩！这功劳该归于一个之前从未想过要做生意的英国人。他的名字是托马斯·库克，一名印刷工、浸礼会教堂的业余牧师。他的动机毫不利己。为了让工人远离烟酒，他向人们提供全包旅游服务。他有坚定的道德原则，还很有想法以及组织方面的天赋，他利用了不同的交通企业之间的竞争获得了非常便宜的价格。1841年他组织了一次出游，一共五百七十人从莱斯特出发，去了二十公里以外的拉夫堡，然后返回。乘车价格便宜得可笑，参加旅行的人不仅有火车票，还得到了饮料、食物、音乐，还可以跳舞。库克想以便宜的价格组织工人星期天去游览海岸，让他们在那儿透透气，当天

---

① 美国马里兰州最大的城市。

晚上就可以回到家里，星期一一大早就又可以去上班了。因此这种旅行叫'库克的月光之旅'，库克成了全包旅游的发明者。在这以前，旅行虽然已经容易了很多，但还是令人叫苦不迭的。"

"它的前提应该是铁路网的扩建吧。"

"对。事情是一环扣一环的。库克获得了集体折扣，让成团旅行变成人们可以负担的享受。不久他开始向远处发展，开辟了新的路线和目的地，带人们去莱茵河畔，欣赏那里的浪漫情调和城堡废墟，他甚至还组织了带导游的瑞士之旅。这种服务尤其受到妇女的热烈欢迎，因为她们获得了从没有过的旅行机会。库克组织的旅游者目睹了苏伊士运河的开通——所以英国人称这条运河为'库克的运河'——紧接着还去了尼罗河，乘了豪华游船。他成功的秘诀是自己料理一切，并且自己带队。他办了一份旅游杂志，并且十分重视旅客的舒适感。"

"这么说是全面的成功喽？"

"度假和集体旅行到这时才成为可能。豪华火车、豪华客轮、宫殿似的饭店也是其结果。十九世纪末库克去世的时候，世界各地都有他留下的旅行社。"

"现在的我们对集体旅游的态度可不同了。它从那时起就破坏了自然生态。"

"亲爱的罗曼，这个问题那些'背包客'也有，不是吗？"

"你们说的都有道理。在库克那个年代，也不是所有人都为他的事业欢欣鼓舞。富人尤其嗤之以鼻，因为现在一大帮'毫无教养的粗人'也可以涌到意大利去观光了。高贵的《泰晤士报》

也激烈反对'集体旅游'——虽然是徒劳的。"

"我想，今天谁也不想放过又便宜又舒适的旅行机会——哪怕伴随着很多负面影响。"

"是的，每年至少有数以百万计的人出行，包括我们自己。"罗曼说。

"数以百万计的人……这又让我想起了人口的增长。从公元六世纪到十九世纪初，欧洲的人口数量几乎没有变化。我们不知道确切的数字，因为那时还没有人口统计，但变化保持在很小的范围内。十九世纪初，人口开始以跃进的速度增长。人们估计，1650年左右地球上大约生活着六亿五千万人。由于医疗和卫生条件的改善，死亡率降低了，人口繁殖的速度加快了，虽然还没到今天这种程度。"

"这是人类最大的问题。"

深深地介入家庭生活

罗曼又开始往前出溜儿，伸长了腿向后靠——这是他特有的思索时的姿势。"我们难道不说说日益发展的工业化吗？它与此密切相关啊。"

"这个话题也会让贝蕾妮克兴奋起来的！"

"什么话！我又没有睡着！"贝蕾妮克抗议道。

塞内克斯微笑了："工业化不完全是男人的事。虽然大部分发明家、工程师、机械制造家都是男子，大部分工人也是，但工业化，或者更确切地说，工厂生产，已经深深介入了家庭生活之中——不仅是男子、父亲的生活，也是女子、母亲，甚至是孩子的生活；而且介入程度是我们在今天的欧洲无法想象的。"

"您指的是女工和童工吗？"

"我们以前已经涉及过这个话题了。各个领域都出现了巨大的生产需求，铁路的迅速发展也在全欧洲带来了巨大变革。不过我们仅以纺织业为例。1780年到1850年间欧洲人口急剧增长，由此工业革命时代（人们就是这么称呼这个时代的）才得到足够的劳动力，而且妇女和儿童也得出力。"

"劳动在体力消耗方面是不是轻些了？"

"劳动需要的知识也少了。特别是在纺织业中，操纵新式机器的活儿只限于几个动作，很快就能学会。"

"但妇女和孩子的工资比男子的少。"

"也正是因为这个，到处（只要有可能）都用妇女，她们更便宜，也更听话。只有管理机器的人通常是男子。重复几个单调的动作、服从、守纪律，这就是工厂生产的前提。谁要是得不到工作，或者遭到解雇，那就惨了，顶好也只能去贫民劳动教养所。疾病、急难、年老一概没有防备措施的保障，没有医疗保险，丧失劳动能力后也得不到帮助，出现死亡事故也不管丧葬。渐渐地，工人才自己建立了救助协会，比如所谓的'友好协会'。"

"人们不是希望机器能减轻人的负担吗？可现在听您一讲，塞内克斯，事实完全是相反的！"

"减轻劳动——尤其是抛弃早期文化中压在奴隶身上的沉重体力负担——是人们追求的理想,但总的来说,那些工厂主们看重的首先是利润。工程师肯定不想看到日益沉重的肉体及精神压力,但他们也无法预见到,体力较弱的人会因为更便宜,被雇来做据说是比较轻省的活——结果呢,是另一种形式的奴隶制,是贫困和工业无产阶级。"

到处是一片混乱

贝蕾妮克继续追问:"那么工程师、技术人员和发明家没有达到他们的目的?"

"虽然人们'招来魔头驱赶恶鬼',但我还是得承认,只有工业化才能为越来越多涌往劳动力市场的人提供足够的工作;没有它的话,贫困会更严重。工业的增长也使工资得以提高,但到处是一片混乱。起初,技术的好处仿佛妙不可言,是造福人类的大好事。原材料看起来也像是取之不尽、用之不竭的,谁想得到人类不可能无休无止地向大自然伸手索取呢!"

"人们到现在也还没明白这一点!"

"我想今天的人们还是明白了的,斯特凡,只是在认识和实现之间存在着一条不可逾越的鸿沟,这实践逼出来的鸿沟,没人能轻而易举地越过。那时候人们还以为可以控制自然,而今天我们必须改变想法,要学会把自然作为我们的生存基础来加以维护。但这并不是说，那时候的人是完全盲目的，有少数几个人——可惜太少了——已经预感到了工业化带来的社会和生态方面的弊端。但他们被看成'异想天开的人'，大多数人认为没必要把他们的话当回事儿，认为他们是不谙世事的理想主义者。这些人中的大部分是医生，还有几个具有远见卓识的企业主。为了对付空气的污染，人们把烟囱建得更高，结果把有害物质散播得更远。河流成为容纳污水和废弃物的阴沟。卡尔·马克思的战友弗里德里希·恩格斯那时就写道，河流'从城市的一端流进去时是清澈的，从另一端流出时已被各种垃圾废料弄得污浊不堪，臭气熏天'。"

"我想当时的人对此置之不理的态度更甚于今天。"

"那些损害看起来还没那么具有灾难性。环境卫生情况往往差得无法形容——当然，在很长时间里，没有人觉得自己应该为此负起责任。城市里的工人区脏得要命，一副不可救药的样子。贫穷到处露出它忧虑憔悴的面容，但是没有人想正视它。医疗条件糟透了，疾病是家常便饭，水供应都不足，更别提清洁的水源了——这方面的技术虽然已经有了，但需要它的人没有钱使用它，富人当然是去找干净高雅的住宅区居住。"

"查尔斯·狄更斯也描写过伦敦贫民区里的可怕环境。"

"只要富人过得好，只要臭气没有吹到他们那边去，官方就不会采取任何措施，或者浅尝辄止。直到两次霍乱夺走了数以十万计的生命，还带来了其他令人震惊的后果，人们害怕被传染，这才有了最低限度的改善措施，以及一些犹犹豫豫的试探、改善工人处境的尝试。但这些都收效甚微,它们也没有考虑到未来,环境意识更远远谈不上,连马克思都没想到过这个。那时候就和今天一样,对新技术的应用有着不可遏止的势头,既不考虑社会,也不考虑生态。企业主对工厂条件遭到的批评更是充耳不闻。因为要顾虑这些,没有大量的投资是不行的,而投资不仅得分期偿还,还得能确保赚钱,不然没有企业主愿意冒险。况且生产不能停下,不能拖延或中断。固定的花费已经在那儿,而且总是那样,很容易就会招致亏损。所以,工作时间得固定并尽可能地长,工人要能二十四小时连轴转才好呢。"

"今天还是有人这么说!"

"与家庭生产或手工业生产相比,工厂生产意味着工人得离开住所和家人;此外,他们还失去了决定自己工作内容和节奏的可能性(这一点在手工工场时期已经存在了,但那时还没这么明显)。工作时间的长短、工作日的分配、工作周等等都有严格的规定。"

"工作时间有多长呢?"

"每周工作六天,每天工作十二到十四个小时——这不仅取决于雇主,也取决于机器。一切都规定好了,包括工间休息和机器停转的时间(这里说的是机器不得不停转的情况,工厂主对此很不满意)。"

"如果在今天,这就叫'利润最大化'。"

"儿童高死亡率的问题仍然威胁着家庭,主要原因是社会条件太差,再加上普遍的、令人发指的童工现象。很多孩子成了残废,或者患上了肺结核。一个地毯厂的工人说自己每天早上得把儿子背到工厂去,等他干了十六个钟头后,晚上再驮回家;中午吃饭时得喂他,因为他得站在机器边工作,不能离开。很多孩子七岁时就开始干活,好帮着贴补家用。一天工作十八小时不算少见的。在火柴厂里,很多五到七岁的孩子就那么暴露在有毒的磷气中干活,脸上的骨头都被毁了。在煤矿、铁矿井里,小孩子要拖动沉重的矿石,把它们堆到敞篷货车上,再把沉重的车推到出矿井那里去。这些可怜的孩子经常几个星期看不到阳光。还有些孩子得用流着血的手从矿石堆里把尖利的矿石分拣出来。农业好不到哪儿去,童工也很普遍。"

"太惨了!我们已经忘掉了这些,这真是太不好了!"斯特凡喃喃说道。

"你是说,我们本该对当今的状况更知足些吗?"

"对,我想是的!"

人何尝有过廉耻

贝蕾妮克嘟囔道:"我没想到情况这么严重!"

"而且——说句不该说的——完整、正常的家庭里的孩子还算是过得好的。在1802年出现第一部儿童保护法以前,很多孤儿院会把院里的孤儿送到棉纺厂里去做工来赚钱,美其名曰'让他们受教育'!然而这样的'教育'简直令人无法想象,孩子们往往得分成两班一天二十四小时连轴转。"

"这简直是奴役啊!"

"不幸的是,这个词用得很恰当。一旦涉及自己的利益,人何尝有过廉耻!结果,棉纺厂得了'牢房'的坏名声,招来了严厉的批评,批评者中也包括作家查尔斯·狄更斯,罗曼刚刚提到了。有些厂子磨磨蹭蹭地做了点改进,但童工的情况并没有减少,直到 1833 年,十四到十八岁的青少年工作量才减到每天最长十二小时,九到十三岁的儿童工作量减到每天十小时以下,而且也有人对此进行监督了。自此,童工才渐渐少了起来。"

"但还不是说一切都好转了,是吗?"

"绝不是。工业化引起的变革改变了一切,无论是在经济和社会结构上,还是在工作方法、生活方式上,甚至连居住区的建造也受了影响。扩大了的城市、铁路、新的街道,这些都使大地的面貌有了改变。不管是哪儿,都可以很容易且快捷地抵达。很多人认为这是对他们熟悉的环境的一种巨大破坏,但也有一些兴奋的声音为新事物陶醉欢呼。"

"这一切真是发人深思,塞内克斯。"斯特凡拧起的眉头更强调了他说出来的话,"我敢说,我们中间没有一个人想回到工业化以前的时代,但也同样不想回到这个工业化刚开始的时代。"

"那时候就已经有人写道,奴隶制依然没有成为过去。只要去参观一次英国的工厂,你就会看到数百个骨瘦如柴的男女工人在为一个人干活,为了维持最低的生活需求而牺牲自己的健康和生命。于是人们问道:像对待动物一样对待人,不是奴隶制又是什么呢？要求国家关心最贫穷、最下层阶级的呼声高涨起来（请注意'阶级'这个词——'等级'这个词已经不提了），已经有人在问：中世纪的行会就算不完美，毕竟还能充作一种工人的组织；现在行会早就被摧毁了，难道所谓的'自由'工人就得被迫当另一种奴隶吗？从师傅的统治下解放出来，又得走到工厂主的皮鞭下吗？难道没办法解决这些问题吗？"

"有解决的办法吗，塞内克斯？"

"有一个答案是：自由结合，组成团体。"

"生产资料交到工人手里！"

"还没那么远呢。我们现在还是在十九世纪初，还是在英国，1831年的一次人口统计表明英国有公民二千四百万，很多人都认为这是不可能的；这意味着人口在三十年内翻了一番。如果遇到严冬，每十个人中就得有一人靠救济过活。中等阶层的纳税者认为这已经是平衡的极限了，他们想要严厉地对待那些'国家的脓疮'——他们用的就是这个词——为什么要帮助那些逃避工作的人呢？"

"这听起来多现代啊！"

"但有一点可不是这样。和今天相比，那时候大众忍受的困苦要大得多，对生命的威胁也大得多，简直不能相提并论。当时出现了人口爆炸，而且是在卫生条件极端恶劣的环境里。地位高的人问，他们为什么要资助那些'穷小子和穷姑娘'结婚，生下更穷的孩子呢？这种抱怨起了作用——穷人法的附加条款颁布出来，穷人的日子就更惨了。除了重病患和老到无法自理的人，所有人的救济都被无情地取消了;他们只能去找那些可怕的济贫院,好得到点吃的和一点点钱。在济贫院里,人们有意识地把穷人当犯人对待,来产生一种威慑力。夫妻被分开,好防止他们生出后代。人们以为用这种方法就能大幅度减少接受救济的人数,从而节省开支。还有那等玩世不恭的人挖苦说,这是为那些穷人好,能把他们从依赖中解放出来。"

社会问题

人们遭受的一场惊吓

他们看得出来,这个话题让塞内克斯很不舒服。他匆促地讲下去,几乎连重音也不带:"只有清楚了当时的困苦,你们才能理解将要到来的一切,尤其是那个我们今天几乎不能公正看待的人。"

"我猜您指的是卡尔·马克思吧?"

"我们的时代很难正确地评价他。每种思想都是特定时代的产物,具体来说则是当时的社会状况的产物。因此,了解这种社会状况很重要,哪怕只了解一点也好。"

"共产主义思想是由他那儿来的吗?"

"不是这样的,贝蕾妮克。古希腊时期的柏拉图就开始反对私有制了,后来,原始基督教和许多教派都提出了这一要求。比如纯洁派①、瓦勒度派②、再洗礼派③，还有托马斯·闵采尔④。早在十六世纪，托马斯·莫尔就在《乌托邦》一书中描写了一种以集体财产为基础的社会形式，自成一派。十八世纪，尤其是法国大革命期间，这种思想有了新的追随者。1830年起，在法国，它首先是在秘密政治社团之中引起了很大反响。十九世纪四十年代初，德国出现了无数关于社会问题的著述。1840年，法国的一本小说里头一次出现了'共产主义'这个词，从此它便迅速地传播起来。"

"那时候人们是怎么理解这个词的？"

"它是一个集合概念，指的是不需要钱和其他私有财产就能运转的财产共同体。这种共同体中不再有统治，只有管理，目标是一个由革命的无产阶级创立的社会。"

"但卡尔·马克思不是写了《共产党宣言》吗？"

"那是和弗里德里希·恩格斯一起写的。文章的开头是：'一个幽灵，共产主义的幽灵，在欧洲游荡。'马克思和恩格斯是受共产主义者同盟的委托写下这篇文章的，他们在其中概括阐述了共产主义理论。当他们在1848年2月发表《共产党宣言》时，还料想不到它会产生那么大的影响，并成为世界上流传最广的书

---

① 纯洁派是基督教的一个信仰分支，主要兴盛于十二至十四世纪的法国南部，主张灵魂高于肉体的二元论，灵为善，肉为恶，生活的目标是令人身上的善（即灵魂）脱离恶的世界，升入天堂。
② 瓦勒度派据说是彼得·瓦勒度于1176年左右创建的教派，以上帝的圣言为信仰和生活的唯一准则。
③ 再洗礼派是宗教改革时期创立的一种派别，主张从精神上革新教会，成年后施行洗礼。
④ 托马斯·闵采尔（Thomas Müntzer，1489—1525），宗教改革早期传教士、神学家、革命家，同时反对天主教会和马丁·路德，力图解放农民。

之一。最开始它的影响并不大，只印了一千册，共产主义运动在组织上也还处在初始阶段。"

"弗里德里希·恩格斯是怎样的一个人？"

"恩格斯是巴门一个工厂主的儿子，本人是商人。他了解经济实践，而这是马克思所缺乏的。马克思和恩格斯不仅在人格上互相激励，在专业知识与技能方面也可以互相补充。马克思必须得勤奋钻研半天才能表达出来，而恩格斯很快就能找出问题的头绪，表达起来毫不费力，又漂亮又中肯。"

"您提到了英国的状况，提到了那儿的工业革命和工人受到的剥削，但现在出版的却是两个德国人写的书，这是为什么，塞内克斯？"

"卡尔·马克思在上完大学后去了巴黎，在那儿，他和法国的社会主义者及俄国的无政府主义者保持着联系。后来由于普鲁士施加压力，他被驱逐出了法国。写《共产党宣言》的时候，他住在布鲁塞尔。不久之后他又去了伦敦，弗里德里希·恩格斯也去了。马克思总是处在窘困之中，而恩格斯总是慷慨地资助他，使他不必有后顾之忧。但是，为什么偏偏是两个说德语的德国人呢？共产主义者瞄准了德国，因为德国似乎正面临着一场资产阶级革命——德国的无产阶级有当时最进步的组织，有望取得成功，并由此拉开英国、法国无产阶级革命的序幕。"

"这是对的，是不是？"

"至少在 1848 年时，资产阶级和无产阶级是两个矛盾无法调和的对立阶级。"

"资产阶级和工人阶级之间有那么深的鸿沟吗?"

"弗里德里希·恩格斯阐释道:资产阶级是现代的资产阶级,是生产资料的所有者,通过雇佣劳动者,无产阶级被其利用。马克思和恩格斯最初认为资产阶级也是一个革命的阶级,是在封建社会灭亡的过程中出现的。然而实际上,压迫依然存在,只不过压迫的条件变了,不过是新的斗争形式取代了旧的而已。"

"我想,马克思在历史中看到了阶级斗争吧?"

"马克思和恩格斯把历史定义为一连串的阶级斗争,总是存在着自由人与奴隶、城市贵族与城市平民、贵族与农奴、师傅和帮工的对立——一句话:压迫者和被压迫者的对立。它们总是处在争斗之中,有时隐蔽,有时公开,每一次都以社会重新建构结束,或是斗争中的阶级共同灭亡。马克思和恩格斯认为,结束这种趋势的时刻到了,资产阶级的灭亡和无产阶级的胜利是不可避免的。"

政治方面基本上没有变化

"1848 年的 3 月,在普鲁士乃至整个欧洲,似乎一个新时代来临了。媒体疾风骤雨般发展,大量报刊出版,表达人们的普遍诉求。无数协会成立起来。但是,作为'社会的救星'当选的总统路易·波拿巴·拿破仑,那位伟大皇帝的侄子,找到了一个反击工人的借口。巴黎的起义遭到了血腥镇压,三千名工人被杀，一万五千人遭到放逐。统治力量的胜利也表明了欧洲反动势力对民族、民主运动的胜利。所谓的'美好时代'开始了。"

"可您刚才不是说了吗，德国的工人准备得更好些？"

"但德国工人也没有获得什么。1848年春天，虽然几乎所有德意志联盟国家都发生了流血冲突，推进着民主运动，但都没有形成突破。这是德意志人第一次追求统一和自由的尝试。革命虽然失败了，但它的目标还在。德国在拿破仑战败后还是一块打着补丁的破地毯。许多在1848年提出的诉求直到二十世纪才得以实现。尽管如此，革命对民主的价值还是毋庸置疑的。在德国，人们希望拥有一套结束审查制度、废除封建特权的宪法。但是君主制太强大了，反应决绝，很快平息了3月前几周的农村骚乱。革命者希望废除特权，但只得到了空洞的许诺。城市里，一方面由于巴登的革命企图失败①和巴黎起义的惨败，人们心中对'暴民统治'的恐惧在增长；另一方面，下层的不满日益高涨，工人要求实行社会改革，资产阶级则追求民族统一、受宪法保护的自由化和自由的私有经济。"

"哪方面得到了改善呢？"

"从根本上来说，什么变化也没有。虽然普鲁士国王和其他君主遭受了挫折，犹如迎头挨了警告的一枪，但他们还是自命不凡地任命着他们的部长，指挥着对他们俯首帖耳的军队。你

---

① 此处指的是1848年巴登大公国内发生的民主革命。

可以把整个十九世纪加上二十世纪早期看成没有权利的人反对占统治地位的社会秩序的斗争，以及反对拥有资本因而拥有全部权力手段的资产阶级的斗争。"

"然后呢？"

"然后，在第一次世界大战末期，1917年的十月革命带来了列宁主义，这之后产生了苏维埃国家。在欧洲，封建制度实际上已经灭亡了，贵族在媒体中成了轻歌剧里那样的陪衬人物。"

"但您本来是要讲卡尔·马克思的。我发现，人们对卡尔·马克思本人了解得太少了。一个不起眼的人物，却产生了那么大影响，简直可以和耶稣相比！"

"这是个有趣的类比。耶稣和马克思承诺要拯救人类，要改善他们的处境。耶稣把希望放在彼岸，马克思则想在地球上、在此岸实现希望。但如果我们不考虑他们要传达的信息中确实存在着的相似性，那么二者之间的差别还是很大的。我们对耶稣了解得太少了，以至于总是有人怀疑他是否真的存在过、生活过。卡尔·马克思的情况不一样。他的生活从多方面都有据可查，与他同时代的人把他说成是一个由能量、意志和信念组成的人，外表则极为奇特。厚厚的黑色毛发盖着脑袋，手上也长满了毛，衣服上的扣子都歪扣着。但不管他的外表有多奇怪，他还是很引人注目。

"他用信念的力量宣扬他的思想。他的脸部线条显示出旺盛的精力，他心中燃烧着一团大胆无畏的灵魂的火焰。没错，通常人们把他看作资产阶级秩序、科学及文化的否定者。他的身上融合了英国人与德国人的特质，并在和海因里希·海涅的诚挚交往中获得了机智讽刺和快乐的能力。卡尔·马克思和海因里希·海涅做了几年朋友，我认为，他能得到海涅这个讽刺大师的好感，很能说明他的为人。卡尔·马克思给海涅留下了深刻印象，后者在他的影响下写出了几首带有共产主义倾向的诗和他的几篇最尖锐的讽刺作品，比如《西里西亚的纺织工人》和《德国，一个冬天的童话》。马克思被驱逐出巴黎时给海涅写信：'我很想把您一块装到我的行李里。'——这是多么亲热、多么诚挚的一句话啊！它为我们照亮了马克思。共产主义思想中吸引海涅的，当然不是它关于财产的观点（这是为他所拒绝的），而是无神论观点。无神论不一定是共产主义所特有的，但被马克思带到了共产主义中，并从哲学上做了论证。"

罗曼把两只脚搭在一起。"马克思的理论不也是以黑格尔为根基的吗？"

"马克思和黑格尔是密不可分的，即使在两人有着根本差别的地方也不能截然分开。马克思解释说，哲学家只是用不同的方式阐释世界，而阐释是不够的，他看重的是改造世界。还从不曾有哪个哲学家提出过如此具有进攻性的要求，黑格尔也没有。因此马克思反对黑格尔哲学，因为它为现存的事物辩护。我们知道，黑格尔认为，通过他建立的体系，哲学已经完善了，未来已经不让他感兴趣了。然而，青年人的思想恰恰是针对未来的，尤其是在问题重重的情况下；马克思也不例外。尽管如此，他还是在黑格尔的意义上进行他的斗争的，因为黑格尔的哲学也有革命的一面，也就是辩证法。辩证法不把世界和事件看成是完成了的、不可改变的，而将其看成一个无休止的过程，其中的一切都始终处在不断的形成和消逝之中。马克思认同这一点，但只有当黑格尔的思想符合他的理性认识时，他才会承认自己信奉黑格尔。因此他必须首先以批判的目光去审视黑格尔的国家哲学，于是他合理地完成了向共产主义的转变，这是一个严肃思想家的决定。对他来说，重要的是搞清无产阶级在资产阶级社会中的地位。他认为人在退化，人的本质在异化，在以劳动分工和市场经济为基础的工业中，这种异化达到了顶点。只有通过社会革命，获得普遍的人性的解放，人才能重新赢回自己的本质。"

把工人从依赖性和困苦之下解放出来

罗曼稍微坐直了一点。"马克思不只是写了《共产党宣言》吧？"

"他的主要著作是《资本论》，但没有全部完成。这部著作大概也是一部所有的人都念叨，但又没有几个人读过的书。不过我想先介绍他在伦敦最初几年的小细节。那时他的处境很糟，弗里德里希·恩格斯是后来才替他分担了忧愁的。当时是十九世纪中叶，他的女儿弗朗西斯卡出生后不久就夭折了。他的妻子写给一个女友的信清楚地表明了他们的凄惨处境：'三个活着的孩子躺在我们身边，我们为那小天使哭泣，她就在我们身边，冰冷、苍白。这可爱的孩子的死正是在我们最穷的时候。我跑到附近一个不久前来看过我们的法国难民那儿去，他表现出极大的同情，立刻给了我两英镑。我就用这钱买了小棺材，我可怜的孩子现在就安息在里面。她到这个世界上来的时候没有摇篮，她最后的安息之所也好不容易才得到。'"

贝蕾妮克紧紧抿着双唇。

"还有一点对理解马克思的境况也很重要。那时候他开始在国际工人协会进行一些政治活动，成了协会的领导人物。这个协会是1864年在英国和法国工人的倡议下成立的。有趣的是，俄国革命者巴枯宁也参加了协会，但他最后还是拒绝了共产主义。巴枯宁希望废除国家，'彻底消灭那种奴役、压迫、剥削、侮辱人的国家权威原则'，他比马克思和恩格斯还要极端。他也是那个时代面貌的一个组成部分。"

"马克思肯定没有料到他的作品会有那么大的影响。"

"他没有等到欧洲所有国家的群众民主党派都信奉他的那一天。1893年，第二国际在苏黎世召开大会欢迎恩格斯的时候，恩格斯动情地说：'要是马克思能和我站在一起看到这一切该多好……'对几代工人来说，马克思象征着他们对充满尊严的生活的希望。哪里响起《共产党宣言》中'全世界无产者，联合起来！'的战斗口号，哪里的工人就组织起来。卡尔·马克思的学说（就算没有人读过）把他们紧密团结起来，并最终为他们创造了自己在社会中的地位。"

"但又不完全，塞内克斯。他的目标为什么没有达到？"贝蕾妮克充满疑问地抬起了手。

"我今天还不想对此做出回答。我只能提示一下——与其说这是个政治问题，还不如说它是个心理问题。不过明天我们会就此讲得多一些。现在我只说这一点：有三个人在过去五百年间进行了动摇基督教的革命。"

"首先是哥白尼。"

"您指的大概不是卡尔·马克思，也许是查尔斯·达尔文吧？他让《圣经》中的创世史萎缩成了神话和童话。"贝蕾妮克扬起了眉毛，"我想起了好多名字——也许是前面提过的西格蒙德·弗洛伊德？"

"没错，他把人在基督教中的古老形象整个颠倒了过来，用精神分析取代了基督教的灵魂学说。他认为性是人最本质的驱动力，而不是精神。但我又太着急了。该结束今晚的谈话了，还剩下一个问题——你们对此是怎么想的？世界是变得越来越简单和明晰呢，还是变得越来越复杂和变化多端？"

罗曼和斯特凡互相看了看，斯特凡取下了眼镜，罗曼用食指抵住了嘴唇。他们把问题交给了贝蕾妮克。

"这还用说吗，"贝蕾妮克答道，"当然是更复杂了，但是我不会因此就不喜欢生活了。"

第十一天

进化与进步

达尔文的转折

一艘三桅船

进化公园的管理者很善于制造惊喜。贝蕾妮克、罗曼和斯特凡在第十一个清晨醒来时，惊讶地发现房间缩小了，像船舱一样。他们走出房门就站在一艘帆船的甲板上。

闷湿的热气迎面向他们扑来，使他们觉得自己像是在蒸桑拿。

塞内克斯从舱房里踱出来，解释道："这次我们离开了欧洲，但同伴都是欧洲人。船名'小猎犬号'，是一艘小小的三桅船；人们还不想用蒸汽。'小猎犬号'有十门炮，大概只有（如果按照历史的真实面貌）两间窄小的舱房，但为了方便你们，我们用了魔术，让船舱多了几个，反正船不是最重要的。"

"那什么是最重要的呢？"

"你们向四周看看吧！"

他们被光芒闪烁的水面包围着，在沙嘴或岛屿之间穿行。眼前的景象与他们想象中的热带风光不同，既没有棕榈树撑着大伞的沙滩，也没有丛林茂密的海岸，有的只是黑色的火山熔岩，其上贯穿着巨大的裂缝，覆盖着被烈日烤焦的枯萎灌木。干燥至极的地面给人一种无边的孤独感，孤零零的几棵植物无法缓和这种孤独。

"什么味道这么奇怪。"贝蕾妮克嘟囔道。

罗曼和斯特凡都点点头。

塞内克斯让一个水手递给他们三个望远镜，这下他们在对面的岛上发现了合欢树丛和奇形怪状的仙人掌，它们投下了小小的影子。那些植物不仅长着叶子，而且很多都在开花。

"首先要注意那些鸟。"塞内克斯告诉他们，"尤其是燕雀。你们能看出这些鸟的短翅膀、身体和羽毛的形状有亲缘关系吗？在这里，你可以数出十三个科隆群岛的代表性物种。查尔斯·达尔文发现，这些燕雀喙的大小和形状在其他种类的鸟身上也出现了。他比较了锡嘴雀和鸣禽的喙，发现了不下六种喙部有细微差别的鸟，从椋鸟式到鹦鹉式各不相同。"

"这给了他启发吗？"

"对，贝蕾妮克。他不仅想成为描述自然的生物学家，他还想去理解事物；所以他必须得找出科隆群岛燕雀变种的解释。这成了自然科学的一个历史性时刻，因为就在这里，在太平洋的科隆群岛上，达尔文认识到所有的生命只有从进化的角度才能够被理解。谁能在它的生活空间内应付得最好，它就能生存下来，繁殖出最多的后代。现在，请跟我一起坐到这些桶上吧。我得先告诉你们，达尔文受推荐参加'小猎犬号'环球旅行的时候才二十二岁。这次旅行历时五年。达尔文如何得到这个机会、为什么会参加这次旅行并不重要，值得一提的是，达尔文本来是想研究神学的，最后却成了自然研究者。他工作二十多年，完成了《物种起源》，并于1859年发表。好了，'小猎犬号'已经绕着南美洲航行了一圈。南美的景观令达尔文兴奋不已，他去过火地岛、福克兰群岛、蒙得维的亚、巴塔哥尼亚、智利、科迪勒拉山脉，还访问了门多萨、秘鲁的利马。现在，在他二十六岁的时候，他到了科隆群岛。现在我们就在这儿，时间是1835年9月。"

"他在这儿彻悟了是不是？——就像帕斯卡在他姐姐病好了的时候，或者笛卡尔在梦中那样？"

"说得很好，罗曼，因为达尔文确实发现了理想的研究机会。在此前的旅行中，他看到了人种的不同，也获得了一些发现，对他思索地球过往的生命有所启发。现在他又观察到了燕雀的变种，按照他自己的说法，它们引着他去研究物种的起源。"

"这是一种天赋的灵感，还是他仔细观察的结果？"

进化，而非创造

塞内克斯把一只手搭在罗曼肩上，目光掠过大海和岛屿。

"很多因素凑到了一起。从圣经时代以来，人们一直相信上帝在一次辉煌的行动中创造了世界、植物和动物，并一次性地赋予它们最完美的形式。达尔文现在修正了这种静态的观点，用一种动态的、扣人心弦的新过程取代了它。"

"不是从无中一下子创造出尽善尽美，而是逐渐地发展演化。"罗曼喃喃说道。

他没有得到回答，也没想得到回答。

贝蕾妮克说："我只看到螃蟹和黄色、红色的蜥蜴——真恶心！"

"你也不用像抚摸一只埃及猫那样去抚摸它们啊，妮克！"罗曼说。

远处的天空下，熄灭了的锥形火山散布着，零星的植物扒在干旱的地面上，它们几乎是棕色的，而不是绿色的。其他凸起的地方都龟裂而赤裸。贫瘠的灌木丛中，巨蜥爬来爬去，有些睡在海岸边的岩石上。巨大的乌龟拖着身子碾过地面，爬向雨后留下的水洼，或者在路上啃着长刺的果实。还有些长得像蜥蜴的东西倏地贴着地面滑过，像蛇似的，长得像龙一般的脑袋时不时抬起来，一激动就甩起尾巴。长着小脑袋的水龟掠过海湾。

眼前的景象越来越吸引他们，但塞内克斯说："别只顾看了，我要讲讲查尔斯·达尔文。刚才我们已经说到，自哥白尼以来，对基督徒震动最大的莫过于达尔文的学说，虽然现在，他的学说已经被普遍接受，但那时却掀起无比巨大的波澜。"

"人们为什么那么激动呢？"

"通过达尔文，一种进化论的思想开始传播。它不仅质疑了许多哲学论断，更是将《圣经》中的创世史挪到了童话的位置上。"

"我想，《圣经》给人的感动不会因此而减弱。"

"在这方面没人会反驳你，罗曼。"斯特凡道，"但童话不是真的！"

"世界的多样性是自然而漫长的进化结果，而不是上帝一次性的创造成果，这一定理——注意，是'定理'而不是'断言'——把此前人们一直在传授和信奉的完全推翻了，它比哥白尼的表述还要激进。突然之间，人不再是上帝创造的，更不是上帝完美的作品，而是在历史中成长的、在无尽的时间中慢慢产生的一种生物，再说明白些——不过是一种极成功的动物而已！"

"但却是高度发达的！"

"然而，人不再是宇宙中的宠儿了，它只是许多相似物种中的一种。这当然颠覆了人们心目中的世界面貌。现在人是什么呢？被驱逐出伊甸园的亚当和夏娃吗？是万物之灵长，还是改头换面的猴子？虽然达尔文本人从未提过猴子，但这个词马上就冒了出来，成了人们热烈讨论的对象。这种讨论有时很逗乐儿，但我不想讲它，因为它与事情的核心无关——猴子到底是我们的祖先还是和我们同祖先的一个分支，对我们的尊严也没什么大碍，反正我不觉得自己被贬低了。"

"但教会可是激烈地反对来着！"

"因为这与他们的教条和《圣经》相悖嘛。人怎么能是从低等的动物进化来的？人应该是上帝'按照他的样子'一次性造出且独一无二的。基督徒心目中的世界面貌岂能容忍如此大不敬的侮辱！因为，达尔文关于造物提出的问题是：是上帝，还是自然选择而来的进化？他不但提出了这个问题，还一口气回答了这个问题，而且这个回答是对宗教不利的。"

"我想，达尔文的思想本身就是进化过程的一部分！"

"这个看法很好，每种改变生活的新认识都是这样的。我们今天提到达尔文主义的时候，指的是通过自然选择而来的进化。我首先要说的是'生存竞争'这个关键词。在生存竞争中，只有那些最有适应能力的动物能存活下来，它们会进行繁殖，群体规模扩大，在这个过程中物种渐渐改变，向更高级的形态进化——也许更好的说法是'继续'发展。生存竞争贯穿了一切自然领域，这往往被认为是残酷而必要的。达尔文认识到，没有这种斗争就没有秩序和进步。假如一个物种中诞生的许多个体不是仅有一小部分能够存活，后果将不堪设想。你们想象一下，要是每个鱼卵都孵出一条鱼，每颗草籽都长成一棵草，那会怎样！"

"或者老鼠、臭虫、跳蚤、蚊子没边儿没沿儿地繁殖。"贝蕾妮克喊道，"虽然从另一方面来说，所有的动物都互相吃来吃去的，这也很残酷。"

"自然既不残酷也不睿智，它只是漠然。但'生存竞争'不仅是必要的，而且是大有裨益的。它保证了生态的平衡。为此达尔文创造了'适者生存'这个概念，最能适应环境的生物能够生存下来。纳粹由此得出了'强者生存'的公式，并且以此为他们所谓'雅利安人是优等人种'的思想做辩护。但不管是在自然界还是在人类中，都不是'最强的'才能生存下来，运气、偶然、环境起着决定性的作用。如果所有的生物都无限繁殖,那就谁都没有足够的地方,生态平衡会被迅速打破,所有生物的生存空间都会毁掉。维持生命不是唯一重要的。自然选择让一对父母的后代中只能有几个(平均是大约两个)足以活到自己也能繁殖后代的时候。"

"只有人类违反了自然规则,而这是有害无利的——我们认识得太晚了。"斯特凡又皱起了眉头。

"你指的是二十世纪世界人口增长的情况令人担忧——你说得对。在人没有介入的自然中,自然选择本是一条法则,少数比别的更有运气或者拥有更好特质的得以生存。"塞内克斯继续说,"因为如果一个物种或形式被证明更适合于生存,它便占了一种优势——在生存上,也在繁殖上。"

"您是说,更好的物种由此产生吗?"

进化没有目标

塞内克斯考虑了一下:"'更好的',或者说更有生存能力的,不是被'创造'出来的,贝蕾妮克。进化没有意图,没有目标,没有意识。大多数突变都是缺点,只有极少数有好处,又只有少数能保持住。既不存在某种通过自然进行的有意识的选择,也不存在某种行动、引导和选择着的精神。绝大部得以存活的生物都归功于偶然。"

"或者是您刚才说过的运气!"

"首先,个体能否比它的同类更好地应对环境的各种变化,取决于它的身体是否具有更占优势的功能。进行选择的并非周围的环境,而是某种有机体的成功力量。"

"但环境还是起作用的吧?"

"进化从环境给定的条件中获得方向,达尔文把这称作'自然选择'。今天存在的一切,都可以说贴着质量验证标签,因为他们都通过了自然选择的考验。"

"那么今天活着的一切,都有着长得没有尽头的一系列成功的祖先。"

"没错,贝蕾妮克。我们人类拥有大脑,可以拟订计划、发展思想;我们有感觉,会生出爱和恨,但我们依然整个是自然选择的产物。"

"那您认为达尔文最重要的认识是什么?"

"他最重要的认识就是:进化是通过变体、自然选择,以及偶然与必然的相互作用而来的,没有任何超自然的外力施加影响。"

"进化往什么方向去呢,塞内克斯?"

"不往哪个方向,贝蕾妮克。每种生物都会继续尝试以尽可能好的方式去适应它自己遇到的情况。"

"除非人横插一杠。"斯特凡插嘴道,"达尔文还不知道基因,更料想不到什么基因工程。"塞内克斯点点头,但随后他突然中断了谈话,喊道:"下船吧,我们到了!"

怀疑与悲观主义

毫无顾忌地思考的前提

三个年轻人都没注意到,那个热带岛屿世界早就被他们抛在身后了。他们的船——这还是'小猎犬号'吗?——驶进一个有沙滩的海湾,抛下了锚。周围生长着山毛榉和橡树,但主要还是树冠蓬乱的松树。

"我们在哪儿?"贝蕾妮克问,"这不是科隆群岛!"

"科隆群岛已经远在天边了。我们又回到了欧洲,你们面前的是哈弗尔河岸——这是在德国,普鲁士的柏林。"

他们下了船,进了一片公园似的地方,沙子在他们脚下嚓嚓作响。在与道路平行、环绕一片草地的小路上走来一位上了年纪的先生,一副急匆匆的样子。他个子矮小瘦弱,穿着件毫无瑕疵的外衣,身旁跟着条乖巧伶俐的贵妇犬——理过毛发,头上戴着顶小发冠,尾巴梳成流苏式,脚腕上套着贵妇犬专用的"袖子",

穿着件小毛衣,露出毛梳理得很光滑的屁股。

那人继续匆匆走着,根本没注意到他们。他长着活泼、专注的蓝眼睛,薄嘴唇,唇边微微露出讽刺意味的微笑,好像他刚刚冒出个风趣的想法。翘起的两个白色发卷令他高高的额头显出机智和幸灾乐祸的样子,但他的表情里没有任何卑鄙的东西。他身上的一切——他的衣服、花边儿、白色的领结,都让人想起法国大革命以前高雅的旧贵族。

"这位是哲学家阿图尔·叔本华。"塞内克斯解释道,"他出生在十八世纪的但泽,不久就迁到了汉堡。他不停地在北欧旅行,学会了法语和英语,上了哥廷根大学和柏林大学,住在德累斯顿,去过意大利,现在是柏林大学的讲师。他成为讲师从根本上说违背了他自己关于知识分子独立性的观点,因为他蔑视所谓的'教授哲学',对他来说,这样的哲学与思想的不自由联系在一起;它的基础不是'为'哲学的生活,而是一种'倚赖'哲学的生活。他的观点是,完全的独立是'毫无顾忌地思考'的前提。他从直接的生活体验出发,想要从生活本身得到进行哲学思索的动机。他说:'学者是那些死读书的人,而思想家、天才、照亮世界并促进人类发展的是那些直接读世界这本大书的人。'"

"说得很好,但他现在自己不就是教书的,是个倚赖着哲学的教授吗?"

"理论和实际不同,罗曼。很多东西就是不能按人所希望的那样实现。也许这对他的悲观主义观点起了作用。你们看,他走得多快！这种往往要持续两个钟头的急行军式的散步是很有个人特色的。"

"这个喜欢动物的悲观主义者！"罗曼很感兴趣地打量着那小个子先生，"我本应该能从他的贵妇犬上认出他来。"

"他从来不会不带狗就出门；他和狗生活在一起，虽然这会带来很多不便。要叔本华放弃与两条腿的动物交往反倒更容易些，没有狗的生活是他无法想象的。他深深地凝视它们忠诚的眼睛，把他四条腿的朋友叫作'阿特玛'，意思是'世界的灵魂'。对他来说，对动物的同情与道德上的善良紧密相关，他甚至做出结论——对动物残忍的人不可能是好人。被视为人类之敌的他，却有一颗善感的心。"

"尽管如此，他还产生了那么大的影响吗？"贝蕾妮克问道，显然对叔本华很有好感，"我以为，心肠好和成就往往是不能并存的！"

"他主要影响的是思想家和艺术家。我先说一下理查德·瓦格纳，他于十九世纪中叶读到了叔本华的主要著作《作为意志和表象的世界》，并发现其中关于放弃的主要观点与他的《尼伯龙根的指环》很接近。叔本华的哲学后来对瓦格纳的剧本创作及音乐理论思想有很大影响。弗里德里希·尼采创作了《作为教育家的叔本华》。托马斯·曼获得了诺贝尔文学奖的小说《布登勃洛克一家》里有整整一章是写叔本华的，他另外还写了一篇关于叔本华的随笔。好了，不说那么多人名了，只再提一个名字——那引导了动摇教会的巨大变革的第三个人也从叔本华那里接受了很多东西。我指的会是谁呢？我们已经提到过他的名字了。"

"在哥白尼之后您说了达尔文……唉，那个名字就在我嘴边。"

塞内克斯微笑了："他有力地撞开了一扇门！"

"通向人类心灵的门！"贝蕾妮克喊道，"西格蒙德·弗洛伊德！"

"他和叔本华有什么关系？"

"可以说，叔本华以某种方式抢先提出了弗洛伊德的学说。我觉得叔本华更贴近现实一些，弗洛伊德一味地盯着性，以此把叔本华的见解推向了极端。叔本华的观点是，性爱是除了对生活的爱以外最强大的动力，它占去了年轻人一半的精力和思想，是每个人追求的最终目标。弗洛伊德则把他所说的最强大、最活跃的动力说成了唯一的动力，占去了人从年轻到年老一半的精力和思想。"

"弗洛伊德太夸张了。"

"我们很快还要更详细地谈弗洛伊德，但现在我们还是再说说叔本华。当歌德娶了克里斯蒂亚娜·武尔皮乌斯、激怒了魏玛的上流社会时，叔本华的母亲表现出引人注目的大度。做儿子的拜访过那老诗人两次，歌德说他是'一个往往不为人所认识，但也确实很难让人认识的年轻人，很值得赞扬'，他的来访为他们创造了'互相教诲的机会'。叔本华的风度是所有厌世者中最好的。他说话时伴随着活跃的、有时很激烈的动作，就像贝蕾妮克；话里夹杂着拉丁语、希腊语、法语、英语、意大利语中的套语。他妙语连珠，随时可以旁征博引，而细节上又总是十分准确。有他在的时候,人们会觉得时间过得很快。除此以外,他的生活表面上看平淡无奇;他博览群书,以吹笛子作为放松的方式。"

"这听起来让人很有好感。可我想,重要的不在这里。"

"对。叔本华的主要著作《作为意志和表象的世界》在几十年的时间里都没人关注,其创新之处在于,他提出了一种无方向、无意识的原始力,一种'意志',它指导着我们在生活中的所有表现。"

"他这是什么意思?"

"意志是每个人可以在自己心中体会到的最直接的意识。具体地说这种意志表现为'生存的意志',它永远在追求,却永远达不到目标。人还可以认识到,这种意志也是一切自然现象的最内在的本质。在植物体内起作用的力、使晶体结晶的力、使指北针指向北极的力,甚至让石头落在地上以及让地球被太阳吸引的重力,都被他称为'意志'。对叔本华来说,生活是永恒的痛苦,因为意志没有止境,使之得到满足的可能性却是有限的,因此形成了新的不满足的源泉。从每个意志中都生出一种需求、一种缺乏,痛苦便由此产生。每一次满足也只是在一定的时间范围内减轻了痛苦。他认为,这就是人类痛苦的根源。"

生物担惊受怕的混乱场所

塞内克斯让三个年轻人在草地上坐一会儿。

"这真能让一个人深深地感到悲哀呢。"贝蕾妮克叹了口气说。

"叔本华认为，艺术能把我们从这无尽的循环中解救出来，但只是暂时的；持久的解脱在于放弃所有欲望——通过禁欲克服生存意志，通过冥想达到涅槃。"

"这像是佛教！"

"他就是这么想的。这个同样存在于佛教中的观点贯穿了叔本华的作品，他接受了印度哲学的思想。在基督教中，他看不到希望，因为福音书中'世界'的概念几乎等同于'邪恶'。"

"我想我可以理解这个——只要想想原罪就行了。"

"所以叔本华说，我们的现状被基督教视作不可救药的，我们需要解脱。我们的世界是一个混乱的场所，受着折磨、担惊受怕的生物在其中活动，一个撕碎另一个，每个撕扯着的动物都是成百上千其他动物的活坟墓——一连串的折磨和死亡。他抗议那种把世界解释成所有可能性之中最好的一个的说法。"

"就像莱布尼茨！"

"他想到了莱布尼茨关于前定和谐的观点。叔本华难以接受这个，无论如何他还是更倾向于尘世的，不相信有一种完美的世界。他宣布，不管是人还是动物，一切生物的推动力都是非道德的，是追求生存和健康安好的自私自利。他认为这种自私自利是无限的，用他的话说是'巨大'，它突显在全世界之上。"

"叔本华有没有提出什么手段来对付这个？"贝蕾妮克很想得到一个肯定的回答。

"如果没有，他就只是一个描述现状的人了。他建议压制一切自然欲望，尤其是性欲。他想到的包括克服一切激情、消除一切欲望、制造绝对的平静心情；为此我们需要有思考力，因为除了去认识，什么也不能使欲望平息。"

"思想，思考力——我同意他的观点。"斯特凡一反常态，热烈地喊起来。他伸直腿，在草丛里用胳膊支起上身。

"我开始想，如果是那样的话，我们还活着干什么。"罗曼喃喃说道。

"叔本华也问过自己这个问题。他说，人只有通过自己才能得到解脱，因为人可以借助自己的理性看透他自己和世界的本质。由此而来的是一种摆脱存在的道德义务。"

"什么？难道他宣扬自杀不成？这个我可不同意！"斯特凡又喊起来。

"他认为，只有通过有意识的禁欲才能摆脱存在。"

"这个人难道从来没爱过谁吗？"

"至少他有一颗同情心，贝蕾妮克。他说：'就像火炬和焰火在太阳面前黯然失色一样，思想，甚至是天才，还有美，都会被一颗善良的心发出的光芒盖住。'"

"这个我喜欢。"贝蕾妮克点点头。

就在这一刻，斯特凡和罗曼两个人同时感到他们有多喜欢她。

"对叔本华来说，公正和人之爱就根植于自然的同情心中；而这种同情心本身就是人类意识一个不可否认的事实，是人类意识所特有的，不以前提、概念、宗教、教条、神话、教育为基础；它是原始的、直接的，它就存在于人的天性之中。"

"这听起来一点都不像是敌视人类的人的观点！"

"如果我讲讲他关于女人的论文，你马上就会改变看法的，贝蕾妮克。这论文中有的观点可能是对的，但他说'女人按照其天性注定该服从'，你肯定不会喜欢。他还说：'一个处在违背其天性的独立状态下的女子，很快就会与某个男子结交亲近，受他的引导和统治，因为她需要一个主人；如果她很年轻，这个主人就是一个情人，如果她老了，这个主人就是一个忏悔神父。'"

"啊，关于妇女的蠢话我已经听够了，偏偏又都是些聪明的男子说出来的。"贝蕾妮克在那儿嘟嘟囔囔的。

"最后还要说说叔本华的著作。他和伊曼努埃尔·康德相似，区分了不能为感官所感知的事物和面前呈现的世界。"

"他指的是我们对世界的观念吗？"

"他说，世界是我的'表象'，现实是我们的'表象'。康德也解释说，我们认识事物并不是按照它们本来的样子，而是按照它们由于我们认识器官的特点而向我们呈现的样子。人必须从原则上区分'自在物'和'现象'。"

"可我们不是只在设想世界，世界就是实实在在的嘛！"

"但我们的意识和感受给它打上了烙印，而我们的意志又改变着我们的感受和意识。假如我们是蚂蚁，那一根树枝就不仅仅是树枝，而是一个巨大的障碍，一棵树不再是一棵树，一座房子也不再是房子。现代大脑研究也把意志看成是意识最重要的部分。"

"叔本华为什么要去柏林呢？"

"柏林那时是文化的中心。1820 年,叔本华在某种程度上成了黑格尔在柏林大学的竞争对手。他无比自信,把自己的讲座全都排在跟黑格尔讲座重合的时间,黑格尔那时刚刚达到其声名的顶点。叔本华这么做可没带来好处,几乎没人来听他的讲座,他遭到了灾难性的失败。只在一点上叔本华比黑格尔聪明……"

"怎么讲?"

"你们知道,黑格尔因霍乱死于柏林。叔本华则一辈子患'超级疑心病',他及时避开了瘟疫,逃到莱茵河畔的法兰克福,在那儿一直待到去世,而且这一点后来也得到了承认。"

"通过什么?"

"通过他的《人生智慧箴言》,这只是大部头著作《附录与补遗》中的一部分,其中有很多关于要尽可能愉快和幸福地度过一生的艺术。"

"这又像是肯定生命的了!"

"尤其是在这一作品中,叔本华充分阐发了他中肯、论证周密的思考。大多数提到叔本华的人都会想到《人生智慧箴言》。他 1860 年死于法兰克福,享年七十二岁。——补充一下,据我所知,叔本华是第一位我们能看到照片的重要哲学家——通过达盖尔银版照片。"

"您大概又要把话题引到技术上去了吧,塞内克斯?"

"暂时还不会,斯特凡。来,和我一起到那棵菩提树下的长凳上坐一会儿。"

寻找新价值

我们应该研究我们的特性和行为

塞内克斯跷起了二郎腿,接着道:"当然了,技术变得越来越重要。铁路网的迅速兴建带来了社会、经济和政治上的巨大变化。但在说另外两个人和他们的著作之前,我还不想离开哲学这个话题。"

"可是只剩下尼采没讲了。"

"他嘛,我们留到今天晚上再讲。"

"那么是克尔凯郭尔吗?"罗曼问。

"他是其中一个,另一个绝对是他的对立面,我想先说这个人。他们都研究基督教,在这点上都与叔本华有关。"

"可是女性在哪里?我又只能听到男人的事!"

"世界变化了,对妇女的观念也变了。现在先让我说说哲学家路德维希·费尔巴哈吧。这位在1841年发表了《基督教的实质》的哲学家，可以说是到那时为止对我们的宗教进行了最严厉的批判的批评家——虽然大卫·弗里德里希·施特劳斯在他之前六年已经写了《耶稣的生活》，在其中把《新约》称为关于古老智慧的神话故事集，并严厉批判了'国家基督教'。"

"我发现，那时候的哲学家确实是有勇气，他们攻击宗教，而'渎神'是肯定要受罚的。"

"这些都对，但启蒙主义哲学家，尤其是伏尔泰，已经走在前面了。好了，路德维希·费尔巴哈的宗教批判确实给他的学术生涯造成了阻碍，他代表的是一种前后一致的无神论。他认为，每种宗教都是被压抑的愿望的表达，使人与自己的本质之间产生异化。他指责宗教，认为它用彼岸来欺骗我们，而这彼岸与尘世生活毫无关系。我们应该更好地去研究我们的特性和我们的行为，而不是去研究神学。"

"不是每种无神论都是消极的吗？"贝蕾妮克向后靠去。

"费尔巴哈的观点不同。他想要一种肯定生活的无神论、自由和自我实现。"

"这能统一起来吗？"

"也许在未来吧……"斯特凡喃喃说道。随后他提高声音，问："但您也提到了他的战友——还有谁呢？"斯特凡稍稍向前躬身，显然他对这个话题的兴趣越来越大了。

"首先是卡尔·马克思，但他比费尔巴哈还极端，说宗教是'人民的鸦片'。另外一个我要说的就是索伦·克尔凯郭尔，哪怕他是以基督教的方式思考的。人们认为他是存在主义哲学的创立者之一。他多次到过柏林，在那儿听了谢林的讲座，并出版了一本题为《非此则彼》的小说，他在其中阐明，人不得不总是做出抉择——或者是选择审美的生活，或者是选择伦理的生活。"

"伦理的或审美的？他是怎么理解这两个词的？"

"对克尔凯郭尔来说，审美的生活就是虚无、忧郁、自我享受的生活，它导向绝望。"

"而伦理的生活可以把我们从中挽救出来吗？"

"他是这么看的，贝蕾妮克。人只有勇敢地跃出因审美生活的虚无而来的绝望，跃入伦理生活之中，才能拯救自己。这一跳跃必须在对上帝的信赖中发生，之后人就可以积极地行动而实现自我了。克尔凯郭尔试图分析他的时代，分析这个时代的浪漫主义和黑格尔主义，而且他不是做抽象的思索，而是思索具体生存中的人。他的基督教存在主义哲学有很长时间不被重视，直到二十世纪才充分展现出它的影响力，这主要是通过马丁·海德格尔和让－保罗·萨特，但那时已经和基督教没有关系了。"

给社会竖起一面镜子

贝蕾妮克又以她那种安静的，然而又毫不松懈的方式质问道："那女性呢？"

"这个我得从很远的地方讲起。我们已经谈过了十九世纪上半叶的经济和社会状况。人们估计，当时在德意志国家里，属于第一个阶级，也就是富人阶级的人，约占人口总数的百分之五；中间那个阶级的比例是这个数字的两倍多——百分之十三；占人口绝大多数的是所谓的第三阶级，也就是没有财产的人，他们约占人口总数的百分之八十二。但'没有财产'的含义在今天已经根本无从想象。现在我要说妇女了，贝蕾妮克，因为贫困不仅涉及男子，也以严重得多的程度涉及女子；尤其是她们除了忍受普遍的困苦、饥饿、疾病、屈辱、没有保护以外，还得承受并不想要的怀孕带来的痛苦和负担。现在我们四人在柏林，这里有很多要靠用人劳作的官员、市民、工厂主，也有些艺术家。用人主要是女佣，她们被更好的赚钱机会吸引着从农村来到城市，试图通过中介得到一纸雇佣合同。在火柴发明以前，一个重要的雇佣标准是，她们会不会在厨房里把火生起来。如果她们不会这个，那希望就渺茫了，其他的事就看运气。"

"女佣的待遇怎么样？"

"通常很不好，但和工厂里的女工相比，她们至少身在一座房子里，受到某种程度的庇护——当然这庇护也往往很可疑。早晨四点钟就起床洗衣服，这一点都不少见。表面上有最低限度的法律保护，但实际上往往并不受任何保护。"

"没有人为她们说话吗？人们不会被这样的困苦、这样的处境惊醒吗？"

"问得好，贝蕾妮克！当时的作家（包括特奥多尔·冯塔纳）深入刻画了这种全无尊严的处境。生活在柏林的女作家贝蒂娜·冯·阿尼姆关心社会的疾苦，于1843年出版了一本书，并赋予它一个极有挑战性的题目——《此书属于国王》。这是一个很轰动的行为，几乎没有人比她更富批判性。她与阿西姆·冯·阿尼姆结婚，是克莱门斯·布伦塔诺的妹妹；而那两人出版了《男童的神奇号角》。贝蒂娜·冯·阿尼姆预感到她的书将会掀起巨大的波澜，因此选了这个书名，希望能借此躲过审查和迫害，结果却是徒劳的。人们怀疑她是共产主义者，连她的家人也对她退避三舍。"

"为什么？"

"因为没有一个社会能容忍一面照出自己负面的镜子被竖立起来，而这本书简直是一点情面也不留。贝蒂娜写了德语中的第一部社会纪实文学；若是在今天，它不会让人激动，在当时却是骇人听闻的。她找到了最强有力的词句，描述柏林内外穷人的困苦。她以此激怒了所有人，骇着了上层社会的淑女，却没能让她们良心上有所发现。总之一句话，她让自己出丑了——她本人不也是'上等家庭'出身的吗？她不是一个著名作家的妻子吗？现在她散布这些耸人听闻的政治思想，为那些受歧视受压迫的人出力发声，全然忘记了她是本该谦虚、克制的女人。"

"她肯定非常勇敢！"

"重要的是她具备一种此前的人不曾具备的东西——社会良心。贝蒂娜·冯·阿尼姆肯定没读过卡尔·马克思的书，也决不会接受他的全部思想，但她对社会做出了类似的清算，因此，在争取社会正义的斗争中，她是一个女先锋。"

"她毕竟还能出版自己的作品。"

"这遇到了非常多的困难。她为此创建了一家自己的出版社,相当不容易。"

男人的特权不是天定的

贝蕾妮克仰起头,甩甩头发,她还是不满意:"那时候的男子是从根本上反对妇女的吗?我是说,反对她们的权利?"

"那个社会是父权式的。但我们也知道,在任何时代都有男人站出来为女人说话。1862年,法律史学家约翰·雅各布·巴霍芬出版了《母权论》,证明了早期文化中的女性占统治地位——不仅是在家庭里,而且是在政治上。"

"那他肯定让资产阶级的社会大为震惊。"

"他确实招来了愤慨,先是他的同行,然后是公众舆论。他的研究明确指出,在古老的宗教时代,妇女统治原则是占主导地位的。对进化公园的参观者来说,这并不新鲜,我们知道在史前时代的耶利哥妇女起突出作用,她们在埃及高度发达的文化中也承担重要角色。雅各布·巴霍芬描写了母权是如何借助农业活动实现的。"

"母权?"

"是这样,贝蕾妮克,母权最明显地体现在女性继承顺序上。不管听起来有多么奇怪,早期文化中的人还根本不懂得生育是怎么回事(可能埃及人除外),不知道男性也参与了生育。

雅各布·巴霍芬认为父权社会秩序体现了一种进步（这我们在古希腊了解到了）——脱离了'物质'（女性），而走向了'精神'（男性）。"

"男性的自大是永远也刹不住闸的。"

"巴霍芬毕竟明确了这一点：男人的优先权不是天定的，从其作用的意义上说也不是更好的，它只不过是历史地发展来的，因此也是可以改变的。"

"只是没有人去做！"

"妇女得争取自己的地位，这种尝试一直有，比如在古代的雅典，男人已经不是那么头脑偏狭了，妇女能够开口说话。当然，那总是些零星的声音，但这在逐渐改变。1865年10月，在第一届德国妇女会议上成立了'全德妇女协会'。"

"也是时候了！"贝蕾妮克松了口气。

"这不是第一次尝试，但妇女运动在1848年革命失败后被压制下去，并经历了一个萎缩的时期；现在它又活跃起来了，出现了德国第一个有组织的妇女联合体。"

"它的目标是什么呢？"

"让妇女接受更高的教育、改善妇女的工作条件。这实现起来还有些困难，但不管怎么说，分会迅速成立起来，五年后协会已有一万名成员，主要是对自己的地位不满而希望有所改善的女性。可惜还有很多人没有组织起来。"

"很可能是因为她们不敢！"

技术与资本主义

一个技术迅速发展的时代

塞内克斯交叉起双手:"我现在要把话题转回技术,它的发展给这个世纪打上了烙印,而电在其中扮演了格外重要的角色。维尔纳·冯·西门子生活在1816年到1892年间,他与机械工程师约翰·格奥尔格·哈尔斯克一道建立了电报台。他发现了电动原理,并发明了发电机,有了它,就可以用简单的方法十分便宜地制造出强度不受限制的电流来。电动机无比迅速地排挤了水车、风车、蒸汽机。"

"而现在我们正在试着回到风力!是西门子发展了三相交流电技术[①]吗?"

"主要是他。1879年他建了第一条电气铁道,不久又建了第

[①] 通过三个频率相同、振幅相等、相位依次互差120度的交流电势组成的电源。

一条有轨电车道。他写道:'现在人们拥有了一种技术手段,可以便宜、方便地在各个有劳动力的地方制造出无限强度的电流。'可我不想对这个德国发明家讲太多,虽然他对技术,尤其是对电气技术的发展做出了重要贡献。他让哈尔斯克造一个指针电报机的模型,这个电报机的接收端不再利用钟表结构拉动电报带,而是利用一个电传动装置,使接收端与传送端保持同步。和旧的模式相比,这是一项重大的改进。另外他还在柏林开发了利用地下电缆电报的火警器。"

"在地下?那它必须得是绝缘的,怎么做到这个呢?"

"他们先是试着用古塔橡胶,罗曼。这是一种类似橡胶的材料,但不能防地下水,还被老鼠啃了,不过这个问题很快就有了解决方法。此外,西门子还做成了一种万能电流计,可以测量电压、电流和电阻。同样重要的是爱迪生的电灯泡,虽然确切来说,电灯泡是由纽约的德国移民、钟表匠海因里希·戈贝尔发明的,但爱迪生大大改进了它,并使它适合于生产。爱迪生还发明了留声机和收音机。除此之外,祖籍苏格兰的北美发明家亚历山大·格拉汉姆·贝尔还在费城的世界博览会上展出了第一部电话。"

"这么说他是电信之父了?"

"这样的'……之父'在这个世纪里有很多。二十世纪的下半叶也被称为"Belle Epoque",也就是'美好时代',但这种美好主要面向富人。1848年6月,拿破仑镇压了巴黎起义,下令在这座迷宫般的城市里开凿长长的道路。我想多说几句,因为这是城市发展史上的新事件。乔治-欧仁·奥斯曼男爵1853年成了所谓的'塞纳河省省长',受命将城中心那些中世纪一般古老狭窄的巷子、潮湿的房子全部推倒,翻建新的。当然,城市、城区过去也曾被改造或兴建过,尤其是在大火或其他毁灭性的灾难过后,比如罗马大火后的重建。但巴黎现在却是完完全全的重建,业已形成的城市面貌全被毁掉,变成全新的。巴黎又一次成了欧洲的中心,有着它独特的生活方式,优雅、风度、漂亮在其中舒展,艺术家、画家、作家、高级时装制作师在其中汇聚。"

"但改造肯定并不是为此而进行的吧?"

"改造的原因之一是,两次霍乱流行夺走了数千人的生命,拿破仑三世想要创造更好的生活条件。他也许梦想着能获得伟大的建设者和城市设计者的美名,并永远载入史册。另外,在1848年的起义过后,拓宽道路也可以增加修筑街垒的难度。"

"我更相信这个原因。"

"此外巴黎西部还增建了居住区,建造过程伴随着资本主义特有的现象——地产投机兴旺起来,价格上涨,有人挣下百万家私。大量贷款使拆毁又重建的庞大工程成为可能。小说家埃米尔·左拉写道:有十五年之久,剥夺财产的体系像一架巨大的机器把巴黎犁了一遭。统一的规定为改造工程定下了规矩。街道应该显得庄严富丽,从一个广场通往另一个广场,从一个重要建筑通往另一个重要建筑,不管那是火车站、交易所还是歌剧院。从窗内向外眺望的景致也得漂亮,因此他们让条条街道通向广场,形成星星的形状；最美的广场之一就叫'Etoile'——'星'。"

"这不就是有凯旋门的那个广场吗？"

"这个广场在奥斯曼男爵的计划中占据着中心地位，为此他做出了在大城市中很不寻常的事（在空间上的奢侈）——他在凯旋门四周建了条环形街道，形状像一个圆形的广场。那时候，广场上还没有拥塞的汽车交通，街道两旁的栗子树花繁叶茂，漂亮时髦的敞篷马车行驶其间，车上的淑女衣袂飘飘，那可真是一道很美的景致呢。这就是巴黎，在十九世纪接近尾声的时候，它成为澄澈天空下一座充满优雅和艺术情调的都市，如磁石一般吸引着人们。"

"那时候还有澄澈的天空！这个城市不仅从奥斯曼男爵那里得到了一件新装，而且形成了新的特色。"

"所以这里最美的大道之一就是以他的名字命名的。许多广场和街道的和谐一致都该归功于他。他没有建造一幢幢别墅，而是建了大型豪华的出租住宅，有统一的外立面。他把巴黎变成了年轻知识分子和艺术家的圣地。"

"尤其是画家，对吗？"

"塞尚、马奈、高更、莫奈、荷兰的梵·高，此外还有作家埃米尔·左拉、奥诺雷·德·巴尔扎克、居斯塔夫·福楼拜、居伊·德·莫泊桑、马塞尔·普鲁斯特，作曲家拉威尔、德彪西，以及在巴黎度过了他重要时期的理查德·瓦格纳，还有，别忘了伟大的波兰人弗雷德里克·肖邦。但艺术家就说到这里吧。1889年，也就是在巴士底狱被攻克整整一百年后，巴黎举办了一场世界博览会。拿破仑三世那时已经不得不退位，德国人在首相俾斯麦的领导下打败了法国，普鲁士国王在凡尔赛宫宣布成为德国皇帝威廉一世。"

"居然在凡尔赛宫！对法国人的羞辱更深了一层！"

"是的，这样做很不明智。回到原来的话题，为这次博览会，埃菲尔铁塔建起来了。到夜间，塔身上成千上万盏电灯令铁塔光芒四射，全城沉浸在光明的海洋之中，来自各国的两千万名参观者徜徉其间。对斯图加特工程师戈特利布·戴姆勒来说，在多次徒劳的尝试之后，这正是展示他的汽车的好时机。这次的成功，多亏了他的一个生意伙伴的遗孀萨拉赞女士，她不仅美貌，而且精力充沛，人又聪明。"

"萨拉赞女士？"贝蕾妮克竖起了耳朵。

"三年前，戴姆勒给一辆马车装上了发动机，将其作为生日礼物送给自己的妻子。这就是第一辆'戴姆勒汽车'，它的速度达到了每小时十二公里。戴姆勒想制造更多汽车来出售，但斯图加特人对汽车排出的臭气和噪声大为恼火，新闻界也抱怨它给公共安全造成了威胁，有些大发雷霆的反对者甚至拿石头砸汽车。于是戴姆勒转而建造装上发动机的小船，并驾小船在内卡河上试航，但这也招来了愤怒，报纸号召人们向他抗议，就算在黑暗的凌晨，戴姆勒也没法航行。"

"一连串的失败吗？"

"摩托艇慢慢地还是被人们接受了，甚至帝国首相俾斯麦也接受了这样一个礼物，乘着它在弗里德里希鲁厄湖上兜风。"

"但是肯定有人在汽车领域获得成功啊!"

"戴姆勒在民间节日和展览会上也做了尝试。他造了一辆装马达的有轨电车,它四个月内在维也纳的普拉特行驶了二万五千公里,一次毛病也没出过。接着,斯图加特马车-铁路协会也终于引入了装马达的有轨电车;还有一辆被运往荷兰,另一辆被运往西西里。"

大规模采剥矿藏开始了

贝蕾妮克稍稍直起了身子,问:"巴黎那边怎么样了?"

"美丽的路易丝·萨拉赞去斯图加特找戴姆勒,并很快和他达成了一致;他们之间建立起了友谊,这友谊对汽车的发展意义重大。萨拉赞想把一部发动机运过边境,送到法国去,但困难重重。幸亏她与法国政界高层人士之间有良好的关系,因此得以克服这些困难,而她的联系办法是一次次往巴黎拍电报!"

"然后呢?"

"然后,一辆'迷你'电车及时赶到世界博览会;还有一个功率为两马力的发动机,它通过发电机给一个小小的灯光装置供电;还有一辆钢轮汽车,两艘摩托艇。戴姆勒和工程师威廉·迈巴赫也去了巴黎。萨拉赞夫人乘着摩托艇在塞纳河上航行,吸引了所有先生的目光。岸上还同时行驶着那辆钢轮汽车,车上坐着挥舞帽子的青年男子。这是一次很有说服力的宣传。"

"效果达到了吗？"

"达到了，贝蕾妮克。现在戴姆勒的汽车卖出去了，工厂主埃米尔·勒瓦索尔是第一个买主。人们本来只知道他是一个狂热的骑马爱好者，每天要在他的两个木材加工机械厂之间来回奔驰好几趟。可现在他迷上了戴姆勒的钢轮汽车，兴奋地在巴黎城里嗒嗒嗒地开；他也以同样的热情改进汽车，签了一份执照合同，这使他有权仿造戴姆勒的发动机和车子。签署这份合同时，他的谈判伙伴就是萨拉赞夫人。他与戴姆勒和迈巴赫结成了终身友谊。"

"这就是突破吗？"

"这又是一次突破。我现在大概还应该提一下，1857年，人们开始有计划地进行石油钻探。"

"那时候就开始了？在哪儿？沙特阿拉伯吗？"

"不是，就在吕讷堡荒原上。但同一年人们在罗马尼亚用锄头和铁锹发现了两个油源。"

"大概从这时候起人就开始大规模采剥地球的矿藏了。"

"而且是一项史无前例的社会进步。"

"如今，我们几天就消耗掉自然界里数百万年才产生出来的宝藏，而且还破坏了地球大气层。"

"这些都对，罗曼。但在此刻，我们在进化公园里，还处在这一过程的开端。我们会亲身经历一种影响广泛的发展过程的起点。走几步吧，我们的目的地是柏林城边利希特费尔德的小丘。"

一个有巨大翅膀的东西

塞内克斯引着他们穿过繁忙的城市。建筑物稀疏了,他们到了一处开阔的野地,植物稀稀落落地散布着,露出了地面的沙子。远处有几个低矮的仓库,前面隆起一个小丘。

"那不是自然形成的小丘。"塞内克斯解释说,"它是人堆起来的。我们将要看到的那个人要利用它做试验。他就要来了。"

"在哪儿?"

"往小丘上看!"

那个人出现了——一个有巨大翅膀的东西里吊着个人。翅膀薄薄的壳上贯穿着很多柳枝,看起来就像昆虫的翅膀。那个人的小臂放在一个十字形的架子上,双手抓着前面的柄,头和上身伸在那东西的外面,后背弓着,头上紧紧地戴着一顶帽子,裤管只到膝盖以下。

下面还聚集了大概二十多个观众。

"今天这个'放风筝的'要驾着他五颜六色的大翅膀从小丘上飞下来,和以前类似,但是这一次要好得多、远得多,尤其是高得多。"塞内克斯说。

"这一定是奥托·利林塔尔。"

"他快要结束他的一系列试验了;人们估计他试验的次数超过两千次。最后的一次将是在1896年8月,他驾驶着一架两马力功率的飞机,但一阵狂风扯裂了飞机的前部,使它竖了起来。结果他摔了下来,死在医院里。"

可这会儿，他做完腾跃之后安全着地了，总共飞了一百来米。他慢慢地刹闸，稍微有些支撑不住，往前栽。几个人上去帮他，抓住翅膀梢儿，把飞行器放下恢复平衡。

观众欢呼着："好啊！"鼓起掌来。

"飞行的梦想——大概和人类一样古老。高度是最后一个有待人类征服的领域。你们都知道古希腊关于伊卡洛斯的传说吧？"

"是不是那个因为离太阳太近而摔了下来的人？"

"他用来固定翅膀的蜡被太阳熔化了。你们也知道莱奥纳多·达·芬奇的研究。奥托·利林塔尔从理论上研究了前人对人类自由飞翔可能性的探索，他也了解他那个世纪里大量的滑翔模型、装了翅膀从塔上跳下来的失败尝试。但与他们不同，他坚信只有完全模仿鸟翅膀的扇动才可能成功飞翔；他认为，所有的先行者充其量只能跳上几步，是因为他们用的翅膀都是固定的。"

"他是唯一的尝试者吗？"

"绝不是，斯特凡。在大多数欧洲国家里都有人在做飞行的尝试，比如英国、法国、俄国，但结果都不尽如人意。奥托·利林塔尔的滑翔翼（不管有没有装发动机），起到了为发展指明道路（也许我应该说指明'航线'）的作用。飞行并不是他发明的，但他的研究使飞行的发展大大向前迈进了。他认识到，必须得先对飞行的本质做系统的探究。这一思想的结晶是他在1889年四十一岁时出版的《飞行技术的基础——鸟类的飞行》，其中探讨了鹳鸟的滑翔，而三百七十年前的莱奥纳多·达·芬奇选择的研究方向是老鹰拍翅膀的动作。奥托·利林塔尔后来的研究还是把他引回了固定的翅膀，他以此造了第一架滑翔机。另外他又造了五架单翼飞机，它们用快速助跑的办法起飞，飞行距离开始时有九十米，后来达到了二百米。"

"今天我们的滑雪运动员差不多也能飞这么远，而且还没有翅膀呢！"罗曼说。

黄昏渐渐降临到小丘上，飞行器被送进了仓库。在返回的路上，塞内克斯继续说："奥托·利林塔尔学的是机械制造专业，之后成了工程师，在柏林建了一个机械制造厂。1890年他的第一次跳跃飞行成功。他先是造了类似鸟的滑翔器，用他自己身体的重心移动来操纵。后来他造了约二十架双翼飞机。他活了四十八岁。"

"他去世后试验还在继续进行吗？"贝蕾妮克向后捋了捋她的头发。

"1901年，古斯塔夫·魏斯科普夫成功进行了第一次用蒸汽做动力的飞行，而且是在美国。过去他很可能和利林塔尔合作过。移居到美国后他改名为怀特黑德，一次坠落终止了他的飞行。不过利林塔尔还有很多钟情于飞行的后继者。"

"莱特兄弟是怎么回事？"

"这两个美国人成功进行了最早的精确驾驶飞行，先是只有几秒钟，后来是几分钟，最后终于超过了半个小时。这时他们已经达到了每小时六十公里的速度。在德国，人们主要是集中精力制造飞艇，1900年第一艘齐柏林飞艇升空，1909年法国人路易·布莱里奥成功飞越了英吉利海峡。到第一次世界大战便有了飞行战斗中队——这真是人类的悲剧;还出现了'空中英雄'的神话。"

"而今天飞行对我们来说已经是自然而然的事——这前后还不到一百年呢!"

"是啊,罗曼,每分钟都有几千架飞机在空中飞。"斯特凡补充道。

天已经黑了,不一会儿他们到了旅舍。

第十一晚

"超人"学说与心理分析

艺术家和思想家的结合

一个思想敏锐的艺术家

"今天,"塞内克斯开始了晚上的话题,"我给你们讲一讲弗里德里希·尼采。虚无主义借他发出了最初且最强的声音。尼采激进的目光、富于批判精神的敏锐,以及他对未来辛辣的预见,都使他成为现代思想的预言家。"

"为什么这么说?"

"他说'人是必须被克服的东西'。人的了不起在于他是一座桥梁,而不是目的地。尼采生活在1844年到1900年间,也许他是唯一可以被纳入艺术家队伍的哲学家。这么说不是因为他热爱音乐、自己作过曲子,而是因为他是个语言大师、一个抒情诗人。在他身上,哲学家成了诗人,或者反过来,诗人成了哲学家。托马斯·曼说尼采的散文是'绝妙的'——从他的嘴里说出这样的赞语可是很难得的。尼采植根于浪漫主义,但又超越了浪漫主义；他将浪漫主义的善感与启蒙主义的怀疑精神结成了一束鲜花。尼采早期曾受叔本华影响，叔本华更加冷静，而尼采则更大胆；或者也可以说尼采是一个思想敏锐的艺术家。"

"我知道几首他写的诗。"罗曼说，"很不同凡响，我很喜欢。我想，作为抒情诗人的尼采还没有得到足够的重视。"

"我觉得他的杰作《查拉图斯特拉如是说》也应该算是文学作品，而不仅仅是哲学作品。"塞内克斯说，"你怎么看待尼采的作品都可以，它总是会触动你——要么是吸引住你，要么是激起你的反对。他用过很多不同的体裁，比如笔记、断片、警句、小册子、诗歌、散文、论战文和书信。正如我刚才说的，他还作曲。他曾在威尼斯给他的朋友彼得·加斯特写信说：'昨天的里亚尔托桥之夜还带给我一支乐曲，令我潸然泪下。那是一支古老的行板，就好像在它以前从不曾有过行板似的。'"

"他是不是有一部作品叫《悲剧的诞生：源于音乐的灵魂》？"

"原本是古典语文学者的尼采以这部作品把自己从狭隘的古典语文学中解放出来，转向了哲学。他的同行对此态度冷淡，反倒衬托出瓦格纳的兴奋。瓦格纳认为尼采理解自己——后来这被证明是个错误。"

"但尼采不是崇拜过瓦格纳吗，或者说是瓦格纳的妻子科西玛？"

"事实是，在巴塞尔大学教授希腊语和文学时，腼腆羞涩的尼采经常去卢塞恩湖边的特里普申拜访理查德·瓦格纳和科西玛。"

"尼采是哪儿的人？他的名字听起来很奇怪。"

求真理、求生存的意志

"尼采的祖先来自波兰,他生在吕岑附近略肯的一个牧师之家,起初生活在萨勒河边的瑙姆堡。后来他上了有名的舒尔普弗尔塔寄宿学校,又在波恩和莱比锡攻读古典语文学。"

"他和瓦格纳之间的友谊为什么会破裂?"

"尼采和瓦格纳的性格都不简单。一开始是因为尼采指责瓦格纳的歌剧《帕西法尔》中包含了太多基督教的思想遗产,还在形式上颂赞和美化它——尼采拒绝基督教。他反对一切激起人同情的东西,他认为同情没有实际用处,实际行动才能产生有力帮助。他反对被痛苦压倒又无能为力的状态,认为同情只能增加世界上的困苦(苦难者和同情者都感受着痛苦),这样一来,意志和肯定生命的力量就被削弱了。《悲剧的诞生》《人性的,太人性的》和《快乐的科学》都体现了这样的思想。在《悲剧的诞生》中,尼采对'狄俄尼索斯'和'阿波罗'做了区分——'狄俄尼索斯'意味着对生命意志的强力表达,'阿波罗'则意味着造型和形式。"

"我对'狄俄尼索斯'没什么好感。"斯特凡宣布道,"我们拥有头脑是为了运用它,而不是为了把它搞得醉醺醺的,我更喜欢'阿波罗'。"

塞内克斯机械地点点头,既不表示赞成也不表示反对。"像叔本华一样,尼采也看到世界是由意志的原始力量统治着,但他的思想不久就与叔本华分道扬镳了,因为他认为,一个由意志指导着的生命从悲剧中挣脱出来的方法绝不是叔本华那种放弃和否定,而恰恰在于肯定。意志主要应该在艺术中表达出来,他在艺术中看到了一种求真和求生的意志。面对它,科学显得是那么平淡。他还认为,没有客观的真理,只有主观经验的真理,它应该具有灵感的特征。他怀疑一切,认为所有的聪明人都应该是怀疑主义者,而怀疑主义者是'温情的造物'。"

"我也是这种感觉。"

"尼采主张重估一切价值,他针对的主要是传承下来的真理,尤其是道德观。在他眼里,信念就是牢笼,进行计算的科学是麻醉剂。对尼采来说,怀疑是知识分子诚实的表现。"

"尼采是无神论者,不是吗?"

"尼采宣布上帝死了——正如真理死了一样。在《瞧!这个人》中他写道:'迄今为止名叫真理的,被我们发现是谎言最无耻、最典型、最隐秘的形式。改进人类的神圣托词原来是吸干生命、造成贫血的阴谋。'"

"我觉得这也太消极了。"贝蕾妮克宣布道,"他就没什么正面的东西可说吗?"

"当然有,但他被彻底地误解了,尤其是在纳粹那里。尼采要是知道纳粹,肯定会深恶痛绝。但纳粹把他的哲学收归己有,用来为他们的罪行辩护,尤其是'权力意志'和'超人'学说。他的《查拉图斯特拉如是说》则主要是文学创作,这我已经说过了。"

"他不是提出过这样的要求吗——'你到女人那里去的时候,别忘了鞭子。'"贝蕾妮克的手攥成了拳头。

"与其说这是一条十分当真的建议,还不如说是因为爱情受挫而生出的抱怨。但他很容易被误解。在《善恶的彼岸》中他宣布了一种'超人道德',他不是像基督教那样区分'善'与'恶',而是区分'强'和'弱'。他自己却是个多愁善感的人,又不止一次地与他所处时代的主导观念作对。"

"但是《查拉图斯特拉如是说》……"

"这是尼采最有名的作品,贝蕾妮克。在与哲学无关的地方,这本书也会出现在书柜里。查拉图斯特拉在十年的孤独隐居后向所有的人发出号召,向人们传达他的'福音'——说话的当然是尼采,说的又是'超人'——'超人'现在能够实现自我、征服世界了,因为上帝对人已经毫无意义了。"

"上帝死了!"

"随上帝一同消失的还有同情和所谓的'博爱',尼采对此做了进一步阐发。"

"尼采是怎么想起写《查拉图斯特拉如是说》的呢?"

"这个他自己描述过。有一天,他正在上恩加丁的席尔瓦普拉纳湖边的森林里散步,在一块巨大的岩石旁休憩时,他的脑子里萌发出一个念头——'远离众人与时代六千英尺①'。"

---

① 1828.8米。

弗洛伊德的转折

开启心灵的钥匙

大家静默了一阵,然后塞内克斯说:"让我们现在到众人和时代的彼岸——梦的王国去。

"请你们想象一间塞满了小型家具的市民风格的房间,房间里闻得出雪茄味,冷冷的烟弥漫着。

"房间的主人大概偏爱东方,不光地板上铺了一块图案丰富的地毯,还有一条毯子盖在一张高背的沙发床上。此外还有块类似的壁毯,与之相配的是一幅阿布辛贝勒神庙①的刺绣,上面有四个巨大的法老拉美西斯二世塑像。房间本身很小,几乎不比那张沙发床更宽。床末端的角落里挤着跟房间一样高的壁炉,摆了浅色枕头的床头一端则塞着一张躺椅。沙发床上躺着一个女

---

① 位于埃及阿斯旺西南,公元前 13 世纪由拉美西斯二世建造。

子，穿的是打着褶裥的衣服，她望着天花板，交叠的两腿穿着高筒靴，鞋带一直系到头。她用很轻的声音断断续续地讲着，头后面那张躺椅上坐着一位上了年纪、抽着雪茄的先生，膝头放着本子。他做着笔记，记的东西显然和那女子的讲述有关。他审视的目光引人注目，他的大鼻子旁和唇上有灰色的髭须，下巴上是修剪整齐的胡子；硬衣领此刻松松地耷拉着，开着'V'字领的背心上，一根表链子在晃动——这就是心理分析之父西格蒙德·弗洛伊德。

"1891年到1938年间，他在维也纳贝尔格巷的房子生活和工作；在纳粹侵入时，身为犹太人的他被迫离开维也纳，移居到伦敦。他通过一种类似自然科学的观察方式，用心理分析取代了基督教的灵魂学说。"

"这和基督教有什么关系？"

"在他以前，人们认为，人是上帝按自己的样子创造的，是一种富于精神性的生物。现在，从某种程度上说，弗洛伊德把人整个颠倒过来了，因为他说，不是精神，而是性，是人最本质的推动力。从他以来，不仅是人像上帝这一点被打上了问号，就连人性也成了疑问！弗洛伊德告诉我们，人是一种有着低级本能的造物，由此在与哥白尼完全不同的领域中带来了一次哥白尼式的大转折。在哥白尼和达尔文之后，他的心理分析第三次羞辱了我们幼稚的自豪感。这种分析超过了地球不是宇宙的中心、人不是创造的目标和顶点这两个认识，它还确认，不管是人的精神还是人的自我都不是'自己家里的主宰'。"

"您称他是心理分析之父,那有没有祖父或曾祖父呢?"

"没有直接的,斯特凡。不过我觉得生活在两千五百年前的希腊医生希波克拉底是心理学的老前辈,或许可以说是心理分析的老前辈。因为他已经勾勒出了性格学的基础,把人分成四种气质——多血质、胆汁质、黏液质和抑郁质,他以前还没有人想过这些。但弗洛伊德当然是心理分析的真正创立者,他发展了一种方法,可以发现无意识的或被压抑的疾病原因;他还相信,无意识也可以从梦中被揭示出来。人们往往把《梦的解析》称为通往无意识的权威道路。他向迄今为止一直处在黑暗和神秘之中、对我们关闭着的人类灵魂的王国迈出了最初的几步,而此前这个王国一直被认为是上帝赐予的、无法解释的。灵魂很早以来就是一个禁忌,但弗洛伊德颠覆了它。整个十九世纪都体现出清教徒的特点,严守界限,这在我们今天看来只不过是压抑,如今人们已经不再以道德的名义诅咒弗洛伊德。他指出了灵魂中进行的过程是多么重要,让我们对自己和弱点的无知略微减少了一些。当然在过去和今天都存在着滥用他的名字的现象。"

"弗洛伊德特别研究了性,是吗?"

"在他那个时代,这个恰恰是不能说的。弗洛伊德确认,人不是一种温情的、需要爱的生物,而是有着鲜明的攻击性。"

"这么说他是毫不留情的。"贝蕾妮克说。

"弗洛伊德把他想的和认为是对的东西说了出来。他的学说引起了震惊,但也是突破性的,影响了心理学、精神病学和哲学。弗洛伊德提出的俄狄浦斯情结虽然遭到了攻击,但在他的著作中仍然有着特殊地位。"

"俄狄浦斯情结……"斯特凡把这个词拖得老长,于是塞内克斯把它当作一个问题来回答了。

"俄狄浦斯情结来自古希腊关于俄狄浦斯王的传说:他在不知情的情况下爱上了自己的母亲,并且无意中杀了自己的父亲。弗洛伊德宣称,每个男孩都爱他的母亲而恨他的父亲。但这早已被打上了问号。毕竟还没有人想到过儿童的性欲,就算有人想到了,他们也会在这样一件令人尴尬的事面前闭上眼睛。根据弗洛伊德的学说,每种神经症的源头都在童年时代,并在性的特征上表现出来——今天人们对此也产生了怀疑。"

"弗洛伊德为妇女做了什么?"

"他的婚姻生活很美满,但他对妇女运动不感兴趣。尽管如此,他的学说为妇女的解放做出了很大的贡献。"

"人们那时候怎么看待他的思想呢?"罗曼问。

"他首先是遭到了人们的拒绝和不解,渐渐地人们才认识到了他的功绩。托马斯·曼大概是说得最好的,他说,他深信人们有朝一日会认识到弗洛伊德一生的所作所为是未来最重要的基石之一。西格蒙德·弗洛伊德1856年生于摩拉维亚,三岁时到了维也纳,1939年在伦敦死于……"

"第二次世界大战爆发那年!"

"……死于喉癌。瑞士人卡尔·古斯塔夫·荣格补充了他的学说。荣格提出了集体无意识的概念,指出我们的认识是在社会、文化和历史的许多因素共同作用下形成的。弗洛伊德和荣格的深层心理学考虑到了艺术、宗教和人内心的现实，听取人类命运和经历中的各方各面，处于自然科学与人文科学之间——它要把实验的精确和理性的推理结合起来，寻求一种实际的、可以作为疗法运用的知识。但是，"塞内克斯开始做结语了，"我想就此结束这个话题了。我建议，大家现在就到各自的梦乡里去，而且用不着让弗洛伊德来分析。"

三个年轻人一齐点头，互相道了别，分头去找自己的房间了。

第十二天
"科学"的年代

突破中的自然科学

一个突飞猛进的时代

第十二个清晨降临了！塞内克斯在等他们。"这是我们的最后一天了。我们还在十九世纪，但马上就要进入二十世纪，然后我们还要大胆地向二十一世纪望上一眼。"

他狡黠地微笑着："我们这就要利用一种新方法了。"塞内克斯指着墙上一个通往隔壁的门洞，"你们在所有的飞机场都可以看到类似的东西，人通过的时候，金属，尤其是武器都会被查出来。现在，你们只要穿过这个门框，就会被数字化，然后通过信息高速公路传送到另一个地方，在那儿重新凝聚成实体。你们自己什么也觉察不到，因为机器在以光速工作。我们把这个机器叫作'远程转换器'。放心进去吧，我跟着你们。"

贝蕾妮克第一个走进去，她消失了，就像在空气中溶解了一样，斯特凡和罗曼跟着她，最后是塞内克斯。

当他们在另一边走出来的时候,发现自己站在一个破败的后院里,一切都显得无比悲伤、压抑和肮脏。泥地上的大水洼映出愁云惨淡的天空,好像随时都会下起雨、哭泣起来。

"我们又到了巴黎。你们往左边看。"塞内克斯说,"这座脏兮兮的建筑物里就是物理学研究所'École de Physique'。在那儿教课的……不,等一下,在谈他以前,我想先向你们介绍一位妇女。我们再走几步,院子边上一点。——好了,你们已经知道,十九世纪是人类发展史上最有成就、最激动人心的一个世纪。"

"而我一直认为它布满尘埃且阴郁黯淡。"斯特凡嘟囔了一句。

"它确实布满尘埃、阴郁黯淡。"塞内克斯回答,"但到目前为止,还从没有哪个世纪有它那种爆炸式的发展,而且是在科学与技术的所有领域。它为我们打了基础。"

"我有一个想法。"斯特凡喃喃说道,半是对自己,半是对旁人,"我发现,我们是忘恩负义的!"

"你这是什么意思?"

"看,我们心安理得地接受了所有的东西,我们开车、坐飞机、用煤气或油烘暖房间、用电把黑夜变成白昼、听收音机、看电视……但这一切都是我们的祖辈创造的啊!"

"那我现在讲一位对此有大贡献的人就很合适。她太值得我们尊敬了,而她的研究毁坏了她的健康,最后令她付出了生命的代价。"

"玛丽·居里!"贝蕾妮克喊了起来。

"对。居里夫人是波兰人,她未出嫁时的名字是玛丽亚·莎乐美·斯克沃多夫斯卡。她1867年生于华沙,那时华沙处在俄国的统治下。"

"她为什么去了法国呢?"

"她想上大学,学数学和物理。但当时妇女还不能进华沙大学,所以,玛丽·居里(那时候的斯克沃多夫斯卡)在巴黎索邦大学学习。学习结束后,她在巴黎一个实验室工作,二十七岁时认识了三十五岁的物理教师皮埃尔·居里。他们成了一对。新婚夫妇骑着自行车逛遍了巴黎(自行车当时已经可以用作交通工具了)。他们勤奋工作,一点也不在乎经济上的得失,有最基本的东西就满足了。不久玛丽就发表了她最早的科学论文。好了……玛丽和皮埃尔结婚的那一年,也就是1895年,维尔茨堡大学的威廉·伦琴发现了后来以他的名字命名的X-射线(伦琴射线),赢得了世界声誉。一年后法国的亨利·贝克勒尔发现了另一种穿透性的射线(贝克勒尔射线),它出自重金属铀。这种贝克勒尔射线被玛丽·居里拿来作为博士论文的题目。"

"那她肯定只能用很原始的手段进行工作吧?"

"你们只要看看周围,就知道原始得不能再原始了。玛丽·居里的实验室在左边,她在那儿做了最初的实验。皮埃尔在物理学研究所教课。你们可以在对面看到一个木板棚屋,玻璃的屋顶早已破败不堪,一下雨就漏。过去医学系用它做解剖室,但现在他们连供研究用的尸体都不愿意往那儿放了。"

"冬天那儿肯定潮湿寒冷得要命。"贝蕾妮克喃喃地说,一边缩起了肩膀。

"这么说还算轻的。夏天这里又太热,连木地板都没有,裸露的地面只铺了一层薄薄的沥青,充作家具的就是几把厨房用的椅子、一块黑板,还有一个旧铁炉子,管子都生锈了。"

"天!"隔着玻璃窗往里看了一眼的罗曼喊道,"今天谁也不会愿意在这么一个棚子里工作的。"

"好也罢,歹也罢,皮埃尔和玛丽只能在这么一个环境里将就着。棚屋倒也有一个优点:它太破旧了,绝不会有人跟他们争的。尽管条件简陋,玛丽·居里还是想弄清楚贝克勒尔发现的射线是不是从铀的最小微粒中发出的。"

"原子……"

"就是这个词,罗曼。玛丽·居里还得干重体力活:她把一吨铀残渣从维也纳搞到了巴黎(费了多大的劲,我就不在这儿说了)。一天,装着沥青铀矿渣的汽车开来了,夫妇两人冲了出去。玛丽想从中得到镭,就算得去对付这一堆肮脏的矿渣她也不在乎。一项经年累月、耗精费神的工作开始了。"

"她的丈夫呢?"

"皮埃尔·居里埋头在棚屋里做艰难的实验。玛丽像在工厂里做苦工一样,穿着件被酸腐蚀了的大褂,头发松散着,裹在呛人的烟里。四年里,她既是物理学家、化学家,又是工程师、苦力。她得烧装着熔解物的废气锅,还得守着它,再后来还得对那高放射性的溶液进行提纯、结晶的工作。旧桌子上总是堆着镭含量越来越高的浓缩物质。她把这些初始物质碾碎,分解,在沸腾的酸里熔解,冷却,过滤,蒸馏……最后她发现了一种新的化学物质，她给它起了自己故乡的名字——'钋'。她是第一个在研究发出穿透性射线的物质的科学工作中使用'放射性'这个词的人。"

"这个词一听就让人害怕。"罗曼喃喃说道。

"玛丽·居里还没有意识到会有危险。她为她发现的另一种新元素起了'镭'这个名字，它来自拉丁语'radius'，意思是'射线'。她想制出纯净的镭和钋，其结果比她所期待的更富童话色彩。在夜晚的黑暗中，分散在桌子和墙板各处的玻璃瓶里的小块儿都发出淡蓝色的磷光。"

"她就是这么得上病的！"

"是这样，贝蕾妮克。疾病一直伴随着她。她得了肺结核，手变僵硬，皮肤上出现了裂痕和溃疡。"

"很可能她的实验室整个被放射线污染了。"

"玛丽·居里雇用的很多人后来都病了，有的很年轻就死了。她能活到六十七岁简直是个奇迹。她的第二个孩子还在母体中就受了射线的侵害，出生后不久就死了。但没人把这归因于放射性，虽然玛丽那么疲惫、有那么多病痛。——好了，你们也许知道玛丽和她的丈夫皮埃尔以及亨利·贝克勒尔获得了1903年的诺贝尔物理学奖——这是该奖项第一次颁给三个人。"

"1903年，这已经是二十世纪了。但据我所知，诺贝尔应该算在十九世纪里。"斯特凡插了一句。

"对，阿尔弗雷德·诺贝尔于1896年去世。他是瑞典化学家、实业家、炸药的发明者，并因此成了富人。他设立了以自己的名字命名的奖项。他拿出的钱的数目并没有被动过，用掉的只是利息。奖金的数额也随着基金会的财力有所变化。目前的奖金超过两百万瑞典克朗。"

"我猜，他的发明带来的毁灭性后果折磨着他的良心。"

"据说是这样。诺贝尔奖每年颁发给不同领域中成就卓著者，大概是国际上最有名望的奖项了。玛丽·居里，一个女子，现在成了获奖者。不幸的是，她的丈夫在他们的女儿伊伦出生后不久就因事故去世了。[①]伊伦就是日后的伊伦·约里奥－居里，和她的丈夫弗雷德里克·约里奥一起，也于1935年获得了诺贝尔化学奖。玛丽·居里继承了她丈夫的工作，成为巴黎大学第一位女教授。她的第二个诺贝尔奖是1911年得的，这次是独得。科学家对她越来越感兴趣，还有新闻界和公众。人们也逐渐认识到了射线造成的危害，比如烧伤、溃疡、疼痛、癌症，不一而足。玛丽·居里本人死在瑞士的一个疗养院里。"

"她是不是也为原子弹的发展做了贡献？"罗曼问。

"今天已经没有人再说镭本身了。"塞内克斯解释道，"但玛丽·居里分离出了它，这推动了人们对放射性和原子的研究。其他很多科学家，如阿尔伯特·爱因斯坦、奥托·哈恩、马克斯·普朗克和尼尔斯·玻尔继续进行了研究，以分裂或聚变原子——目的是获取新的能源。这样我们就进入了二十世纪。这条轨迹也通到了原子弹，没错。我说'也'，是因为这项研究还带

[①] 此处有误，皮埃尔·居里死于1906年，而在此之前两年出生的女儿名为艾芙·居里，她后来成为作家，著有《居里夫人传》。伊伦出生于1897年。

来了其他没有害处的结果,完全可以造福社会。"

塞内克斯沉默了,思考着什么。

微生物和它的预言家

想了一会儿以后,塞内克斯继续说:"好,我们还是先待在巴黎吧,正好。十九世纪的研究者在医学上也获得了巨大成就。它把我们从许多往往致命的病症带来的灾难中解救了出来。"

塞内克斯又站住了,打量着学校破旧的后楼,那看上去真是让人丧气。

斯特凡走到他身边,问道:"是不是从接种天花疫苗开始的?"

"那在启蒙运动时期就办到了,造福匪浅。但还有很多疫病的传播源人们仍然不知道。今天欧洲的孩子都能接种白喉、破伤风、百日咳、小儿麻痹、麻疹、风疹、流行性腮腺炎、肺结核等疫苗,这都是几个化学家和医学家的功劳。有一位走在他们的最前列,他有几年的时间在巴黎高等师范学院搞研究。"

"现在您就快说这位神秘的先生是谁吧,塞内克斯!"贝蕾妮克请求道。

"我猜是路易·巴斯德。"罗曼说。

"正确。只是,你们得清楚,虽然十六世纪就有了显微镜,但没人知道微生物(细菌、藻类、真菌)的存在,是路易·巴斯德带来了转折。他建立了微生物学的学科,结束了人们在这方面的无知状况。在这以后,医学、卫生、保健领域才取得了重要的进步。"

"他是在巴黎出生和长大的吗?"

"他来自法国东部的多勒小城,生于 1822 年。他先是想当画家,因为他很有艺术天分,但他的校长也认识到了他在科学方面的才能,劝他家人让他上大学。你们知道,当时的巴黎是一个汇集各种天才的大熔炉,巴斯德也是其中的一分子。1854 年他成了里尔大学新建的自然科学系的主任。在研究葡萄发酵制葡萄酒的过程中,他发现,是单细胞的酵母菌把糖变成了酒精。他的同事取笑他和他的研究结果说:'微生物很小,巴斯德是它们的预言家。'但他的发现还是成了酒精制造的关键因素。巴斯德回到巴黎,成为他的母校科学研究方面的领导者。在那儿,他的研究条件也很简陋,但还是比玛丽·居里好多了。他有一个位于小阁楼的实验室,在地下室里则有一个孵化箱来培养微生物。他长着黑色的大胡子,穿着深色西装——和我们现在的西装样子差不多。他俯身在显微镜上,鼓捣着小瓶子、小管子、玻璃烧瓶、试管和一切他能得到的辅助工具。他不仅证明了不同的微生物会导致不同的发酵过程,并第一次预感到(而且说了出来)疾病是可以由微生物引起的。"

"微生物指的是什么?"

"指的是极小的、大多是单细胞的生物,斯特凡。它包括水里、空气中和许多生物体内的细菌。它们的直径几乎不到一毫米的百分之一,很多都是病原体。"

"但也有很多是有用的！"

"是啊，有不可替代的作用。没有微生物就没有生命。它们构成腐殖质层，对人和动物的消化起很大的作用。制造葡萄酒、啤酒需要酵母菌。但我们也知道引起疾病的病原。巴斯德成功地用加热的办法杀死了细菌，他在发酵和贮存方面的研究用处太大了。今天几乎没有不经过巴氏法消毒的牛奶了。巴斯德最后还证明了，即使是清洁的空气中也充斥着飘浮的微生物、孢子和其他小生物，可以用过滤器把它们捕捉住。最后，人们还得出结论，根本不可能有什么生物的'自然发生'。"

"什么？"

"古代的时候，人们认为，如果条件允许的话，生命可以由无生命的物质中'自然发生'出来。比如人们就是这么解释肉里的蛆和黄粉甲幼虫的。后来这一看法逐渐被放弃了，至少是在哺乳动物和昆虫的问题上。但在很长的时间里人们还是认为，微生物是在富于营养的液体中'自己'产生的。而巴斯德证明了，它们是从空气中进到实体里的。今天人们持的观点是，在地质发展的漫长年代里产生了有机细胞，它们是在数百万年中从无生命的物质发展成简单的生物的。"

"我更喜欢我们在刚开始漫游的时候听到的那个说法——生命在宇宙空间里自由飘荡着，后来飘到了地球上。"贝蕾妮克宣布她的看法道。

"你是非得相信生命有个更高级、更'神圣'的起源不可。"斯特凡讽刺道。

"这两种说法都不能得到证实,至少到今天为止还不能。但我们接着说吧——由路易·巴斯德的研究出发,细菌学家罗伯特·科赫可以在实验室里培养炭疽杆菌。他说这种细菌是致命的皮肤炭疽病的罪魁祸首。不久他又发现了结核菌和霍乱病原。罗伯特·科赫成为细菌学领域的重要研究者,也是最早证明病原和疾病之间的关联的研究者之一。他于1905年,也就是居里夫人获得诺贝尔奖后两年,也获得了该奖。最造福社会的措施之一是,匈牙利的伊格纳茨·塞麦尔维斯顶住激烈的反对,将消毒环境引进了助产过程。他用抗菌法战胜了令人畏惧的产褥热,在那之前,数百万妇女死在这种病上。今天,优越的卫生条件在每个诊所里都是理所当然的事情,不仅在助产方面,也在做各种手术时——在这方面,一个英国外科医师功劳最大,他叫约瑟夫·李斯特。随着全身麻醉和局部麻醉的发展,外科医学取得了令人叹为观止的进步。"

"而且还在继续进步。"贝蕾妮克插嘴道。

"1878年巴斯德发表了他的论文《微生物学说以及它对医学、外科学的意义》。虽然他还得抵抗来自某些方面的阻力,但巴黎人很尊敬他,巴斯德研究所成立起来,他七十岁生日时人们还为他在索邦大学举行了庆祝会。"

这时,斯特凡忍不住发表他的感想了:"从托马斯·阿奎那到这一步,是多么漫长的道路啊!托马斯·阿奎那也在巴黎大学讲过学,宣称魔鬼和女子做爱,使她变成巫婆——而人们居然相信他!"

塞内克斯点点头:"托马斯·阿奎那为了想出天使的本质和形象绞尽脑汁,现在人们钻研的是微生物的本质和作用。观念的转变和知识的进步就是这样在同一所大学里得到证明。"

"由此应该得出正确的结论。"

"什么样的结论呢,斯特凡?"

"不要相信任何不可证明的胡说八道!"

贝蕾妮克看看这个,又看看那个,什么也没说。

塞内克斯似乎没听见他们的话,接着说:"我本来想接着讲科学的,但我建议换换口味——你们还记得哥伦布吗?"

最后的白色大地

很久以前的冒险故事

罗曼点点头:"当然记得——那是一次美好的巴塞罗那之行。"

"好。我们不打算乘船旅行,但还要把我们数字化一次,传送到别的地方去。进远程转换器去吧。"

在那堵把后院与大街隔开的半倒塌的墙上,好多红色砖块儿已经掉下来了,但远程转换器那不起眼的框子还是天衣无缝地镶在墙里。他们穿了过去,发现反差比他们进玛丽·居里的后院时感受到的还要大。

但还没等贝蕾妮克认出什么来,一股寒意就侵袭了她的全身,她缩起了肩膀。马上就出现了一个小贩,把厚厚的、一直拖到脚面的棉大衣递给他们。他还带了灰色的巨大毡靴,他们可以把穿着鞋的脚直接伸进去。最后再加上棉围脖,装备就齐了。

"这简直像是在北极嘛。"贝蕾妮克打着哆嗦说。

"我们确实离那儿不远。"塞内克斯回答,"你们正在斯匹次卑尔根岛上,它是北冰洋中最北的岛之一。不远处就是永久冰层带了。"

他们身后耸立着一座石山,上面有些像牛的动物在移动。右边是一片荒凉的草地,有鸟儿飞落。面前是一个海湾,岸边的木头棚屋前拴着一只系留气球。绿松石色的清澈海水中漂浮着小冰山,闪着刺眼的光。

天空澄澈,光线强烈。云彩迅速地从南方赶过来。几个男子正在气球和柳条筐前忙活着。

"我们就待在这里吧。"塞内克斯喊道,"这样能更好地观察。今天是 1897 年 7 月 11 日。你们眼前的是瑞典工程师萨洛蒙·安德烈和他的伙伴。他制订了一个乘系留气球通过北极的计划。"

"他想在那儿干什么?"

"哥伦布发现了一块欧洲人从没踏上过的土地。现在,人们想去探索地球上不曾有人类涉足的最后两块地方。"

"最后两块——北冰洋和南极洲吗?"

"北极和南极。为了去探索它们,有一些人不惜承受困苦和孤独。他们没有任何援助,装备少得可怜。很多人付出了生命的代价,死于饥饿、疲惫、疾病、冰冻。和他们所做的事情比,环绕地球和去月球旅行简直像是乘豪华的空调轿车去郊游。如今,原子能潜水艇可以在北冰洋的冰层下穿行,大型喷气式飞机在空中飞来飞去,而这些听起来已经像是很久以前的冒险故事了。"

"但人们为什么非要去极地不可呢?"

"一种解释是,在北极,一年只是由一个白昼和一个夜晚组成的,每个阶段都长达六个月。地球绕着地轴转动,指北针永远指着北极,那里会不会让人得到什么特别的启发呢?最后还有,极地还从来没有人接触过,那里亘古不化的坚冰保守着什么样的秘密呢?无数男子在耶稣诞生后的头一千年里就启程往那里去了,很少有人回来,而且没有人抵达过极点。我总觉得安德烈和他两个同伴的故事是最感人的,因此我把你们带到了这儿。这是他们第二次尝试乘气球升空。去年他们在启程前就不得不放弃,今年的天气条件似乎很有利——你们看见了,云都很快地向北飘。"

塞内克斯把小望远镜递给三个伙伴。他们看到那几个人中的一个长时间地观察天空、云和风。

塞内克斯继续他的解说:"那个圆形气球是在巴黎做的,里外三层印度丝,涂了漆,而且套在一个缆绳网里,缆绳束在一个吊环里。柳条编的小吊篮能容纳三个乘客。所有的东西都用'处女号'运到了斯匹次卑尔根。"

"气球上带那些绳索有什么用?"

"它们长度不等,拖在地上,应该能指示出气球是不是保持在均匀的高度上。拖绳也是制动的设备,可以用通过安装在吊篮上方的三张帆进行简单的操控。没有这一制动装置,没有气球对风的抵抗,任何操控都是不可能的。——听,安德烈在问他的两个同伴(物理学家斯特林德贝里和工程师弗伦克尔)是不是可以起飞了。"

他们来回奔忙着，棚屋被拉倒了，气球做好了升空的准备。响亮的话音又一次穿过纯净的空气传到他们耳边："准备好了吗？"随后安德烈便下令道："砍断所有的绳索！"固定在地面上的绳索都被砍断了，气球升起来，升上了闪着光的蓝色丝绸一般的天空。

此时此刻，贝蕾妮克回想起蒙戈尔菲耶气球在凡尔赛宫升空的情景。

淡黄色的气球拖着长长的绳索，飘在这一片无边的孤寂之中，在清澈的大海和冰山上空，看上去像一件饰物。

他们听到了留在地面上的人的欢呼声："万岁！"

从气球的篮子里传出回答："瑞典万岁！"

气球平稳地向北方飘去，已经飘到了小海湾中部的港口上方。这时它突然往下降了。

贝蕾妮克惊得用手捂住了嘴。

可能是气球卷入了一股强风中，被压了下来，柳条编成的吊篮触到了水面。

"安德烈扔掉了九个宝贵的压舱沙袋！"塞内克斯说，"现在人们也意识到，控制方向最重要的装置、探险计划的基础——拖绳也松了。它们是由螺丝结合在一起组成的。现在，由于操纵的可能性受到了限制，本来半系留的气球完全没了羁绊，成了阵风的玩具。这使它走上了毁灭的路。"

气球又升起来，很快就消失在地平线上。

"安德烈和他的两个同伴都没有回来。1930年人们在斯匹次卑尔根东北部发现了他们的尸体，此外还有一本日记。气球泄了气，他们只得放弃了它。在穿越陆地返回的路上他们相继死去了。"

北极光之夜像童话一般神奇

"关于极地研究者我可以讲上半天，但现在只想再提一个人，他没有实现目标，但至少活了下来。他的旅行是最轰动的，也得到了最好的科学结果。"

"您说的是谁？"罗曼问。

"你们猜猜看。他后来因为投身于引渡一战战俘回国的行动而获得了诺贝尔奖。一种给无家可归的难民的护照就是用他的名字命名的。"

"不知道！"

"挪威人弗里乔夫·南森。他的探险轰动了全世界。"

"他也没有到极点！"

"但他的想法很棒。他研究了浮冰，试着用专门为此而造的小船'弗拉姆号'漂流到北极去。"

"在浮冰之中吗？"

"'弗拉姆号'被冻在了旧大陆的最北端。南森决定把下属留在船上，一片寂静的冰漠会让他们感到安全，他自己则想和一个同伴步行穿过冰原。这样的冒险很可能会以死亡告终。光是准备的时间就超过了一年。最后两个人乘着三架雪橇，带着二十条狗上路了。凡是人能忍受的,他们全都经历了——对迷路的恐惧、饥饿,渐渐地他们不得不一条一条杀掉他们的雪橇狗。为了过冬,他们造了一座石头小屋,还要和海象、熊做斗争。"

"他们有足够的弹药吗?"

"这是他们最大的担心。无边的黑暗开始了,就算紧挨着鲸油灯,气温也从来上不了零度。"

"他们靠什么生活呢?"

"靠熊肉汤、烤熊肉、海象肉和狗肉。他们就这样熬过了长得没有尽头的两年。但是——北极光之夜像童话一般神奇,浅黄色的光弧犹如光线组成的王冠,光束摇曳闪烁,天空似乎在熊熊燃烧。这'焰火'慢慢熄灭了,只剩下一闪一闪的星光。"

"他们度过了冬天吗?"

"五月底他们又开始与雪暴和流冰搏斗,他们的独木舟经常面临着被冲走的威胁。但有一天,南森听到了一只狗的吠叫——肯定有人了。冰雪和极夜中的行程到头了。当南森和他的同伴八月份回到哈默菲斯特时,迎接他们的是成百上千人的欢呼。"

"其他留守在'弗拉姆号'上的人呢?"

"他们抵达了没有冰的水域,然后共同踏上了返回故乡挪威的路,并且获得了成功。"

"——但南森没有实现他的目标。"

"这一荣誉属于弗雷德里克·阿尔伯特·库克或埃德温·皮里,他们两人都在1908年到达极点。1911年罗阿尔·阿蒙森终于到了南极点,从这一天起地球上就没有还未被人发现的大洲了。"

斯特凡又一次抬了抬眼镜，向上看了一眼，沉思着说："现在人类在探索太空。"

"太激动人心了！"罗曼喊道，"——我指的是我们这个世纪！"

"我们通过远程转换器回去吧。"塞内克斯建议，"今天我们破例，中午就回旅舍去。"

我们生活在空间、时间的连续之中

一个伟大的科学家,一个道德的典范

他们走出远程转换器,进了自助餐厅。透过窗户,他们看到了松树和桦树——又到了柏林。

这趟远行,尤其是去斯匹次卑尔根的经历,令他们胃口大开。"我想,"塞内克斯说,"我们有足够的理由喜欢我们的时代,并感激我们的先辈。"一块从微波炉里端出来的小蛋糕很讨人喜欢,塞内克斯很快就吃完了饭。他不想放弃的咖啡则是站着喝的。他走到椅子后面,抓住椅背。"我的下一个话题是阿尔伯特·爱因斯坦。他生于1879年,但他的主要研究成果是在二十世纪的柏林完成的。第二次世界大战结束十年后,他在美国去世。他曾在苏黎世和布拉格当教授,在柏林威廉皇帝物理研究所当所长,1933年成为普林斯顿大学的教授。出生时他是德国人,死的时候则是美国公民。"

"在那些可怕的年头里他的情况大概不是唯一的,至少我是这么想的。"

"是因为他是犹太人,为躲避纳粹而逃出柏林吗?"

"是的,虽然他根本不觉得自己是犹太人。但反犹主义和对犹太人的迫害活动使他成为犹太文化的维护者。他不仅是一个伟大的科学家——也许是这个时空间里最伟大的——也是一个道德高尚的人。啊,我用了一个概念,把它和爱因斯坦联系在一起很合适。你们注意到了吗?"

一阵沉默,三个年轻人回想着塞内克斯的话。

"也许是'时空间'吧?"

"就是它。把空间与时间联系起来,成为所谓的'时空连续统',这要追溯到爱因斯坦。他为三维空间加上了第四维,时间不再是独立存在的,它与空间组成了一个四维构造:时空间。空间和时间二者都可以在宇宙中通过物质和能量发生弯曲。从此以后,时间不再被看成是独立于宇宙的,而是在宇宙的影响之下。但我承认,我不可能精确地描述爱因斯坦的理论。物理学家斯蒂芬·霍金说,熟悉相对论的科学家始终是少数人,所以请你们体谅我。爱因斯坦创造了一种新的空间-时间理论,像马克斯·普朗克说的,它要求物理学家有极高的抽象能力和想象力。这话不仅适用于他的狭义相对论,更适用于后来的广义相对论——他用广义相对论解释了引力。"

"可牛顿不是已经证实过了吗——每个物体都具有引力。"

"每个物质实体都发出一种力,根据爱因斯坦的理论,它同时也造成了一种时空间的弯曲。由于这种弯曲，另一个物体的方向被改变了，所以'引力场'和'弯曲'是一回事。爱因斯坦的狭义相对论中包含一个公式，按照这个公式可以计算出每一个质量或能量造成的弯曲有多厉害。这个小时候不是个好学生的年轻物理学家发表他最早的引起关注的论文时才二十六岁，那是在苏黎世。那时他已经猜测到，所有原子中的能量转换都具有量子特征。十六年后他获得了诺贝尔奖。"

"您就再多说一点吧，塞内克斯。"

"爱因斯坦发现了光量子，以此在马克斯·普朗克的理论上又前进了一步。他还证明了，电子的波长越长，能使金属中的电子'挣脱'出来的能量就越小。他阐释了光的双重特性——它既是波动，也是由粒子组成的。"

"爱因斯坦为什么能以马克斯·普朗克为基础呢？普朗克比他岁数大吗？"

"马克斯·普朗克生于1858年，爱因斯坦发表狭义相对论时，他已经四十七岁了。马克斯·普朗克为物理学奠定了全新的基础，他1900年发表的辐射定律使他扬名世界，爱因斯坦就是以这个定律为依据的。普朗克的量子理论为现代物理学奠定了基础。他放弃了可以上溯到莱布尼茨的'自然不做跳跃'的连续原则。从这时开始，物理学也开始思考跳跃式的变化了。"

"那么人大概没什么可倚赖的了吧？狭义相对论是怎么回事？"

"爱因斯坦认识到，光在真空里的传播是稳定的，而且独立于光源和观察者的运动。这就是说，光总是保持一个速度，不管在宇宙里的什么地方有什么，不管它怎么运动。换句话说，光速也是一个常量，不受测量光速的观察者速度的影响。他也确认没有什么东西能比光的速度更快——不过根据最新的研究，这一点已经不完全确定了。爱因斯坦自己就他的研究说，他在阿劳州立中学的一年期间思考了两个问题，要回答这两个问题让他付出了多年艰苦工作的代价。"

"是什么问题？"

"第一个是：如果我跟在一束光后面追赶并且最终追上了它，那会发生什么？由此他发展出了他的狭义相对论。"

"第二个问题呢？"

"在一个自由降落的升降机里，物理过程会是怎么样的？"

"一个人怎么会冒出这样的想法呢？"罗曼百思不得其解。

"爱因斯坦有个天才的头脑，无休止地追问着世界之谜。他用了十六年来思考，最后终于在他的广义相对论里做出了回答。"

"我们知道的还是和先前一样多。"

"如果我企图给你们做简短的解释，肯定会说错很多的。为了讲解清楚爱因斯坦的理论，已经有很多人绞尽脑汁了。"

"就讲一两句嘛！"

"我可有言在先，我说的会有很多错误！"

一幅新的物理学世界图景

塞内克斯低下头想了想:"爱因斯坦在他的狭义相对论中证明了时间的进程和空间的维度都不是常量,而是取决于系统或物体的运动状态。尤其重要的是,质量可以转化为能量,能量可以转化为质量。根据爱因斯坦的理论,质量和能量之间没有根本上的区别。他说,一个粒子的质量就是凝固的能量,物体的质量随着它的速度增加,以光速运动的物体质量将变成无限大。他最著名的公式是:能量等于质量乘以光速的平方,即 $E = mc^2$。十年后爱因斯坦发表了包容更广泛的广义相对论,以此创作出一幅新的物理学世界图景。爱因斯坦使科学第一次走出了牛顿的天体运动理论,并且超越了欧几里得的几何学。"

"我觉得这么说还太空泛。"

"爱因斯坦使时间和空间的概念相对化和客观化了,这在我们看来好像是矛盾的。他促进了人们对时间和空间概念的裁决。但我只想讲一讲别人对他所做的工作是怎么说的——人们说他的理论是自然科学世界图景的王冠。马克斯·普朗克说,爱因斯坦的理论既涵盖了宏观自然又涵盖了微观自然,从波和微粒(即极小的物质粒子、发出射线的原子)到远在数以百万计光年以外的天体运动。"

"爱因斯坦在发明原子弹的过程中不是也出力了吗?"

"是的,贝蕾妮克,他证明了非常小的质量可以转化为非常大的能量,随后他也对美国造原子弹表示了赞同,因为他确信希特勒在德国也进行着同样的事情，他，还有别的科学家想要赶在德国前面。谁也没想到，在有那么多重要科学家的纳粹德国并没有人在狂热地进行这项研究。但爱因斯坦其实是一个坚定的和平主义者，并于1941年成了美国公民。作为希特勒的反对者，他认为自己有义务支持美国制造核武器。但原子弹爆炸的后果使他感到震惊，因此从1946年开始他就致力于阻止一切核战争。被人称为'原子弹之父'的尤利乌斯·罗伯特·奥本海默说，科学家现在认识到了罪恶，这一认识再也不会离开他们了。爱因斯坦写了一篇充满激情的呼吁书：'我们最庄严、最重要的使命就是尽最大的力量阻止这种武器用于残酷的战争。'他认为，如果人不学会重新思考问题，就可能会发生前所未有的灾难。他是这样表达他的观点的：我们必须对我们的思想和行为，以及世界各民族之间的关系进行彻底的变革。他了解伊曼努埃尔·康德那篇宣布和平为道德范畴的文章。爱因斯坦受康德哲学的影响很大。他越是欣赏康德，也就越是拒绝黑格尔。他把黑格尔的哲学称为醉鬼的一派胡言。他对亚里士多德哲学的评价也差不多，说亚里士多德的文章'晦涩、混乱、令人失望'，如果不是这样的话，也不会被人景仰了这么长时间，因为大多数人就是无比尊敬自己不懂的文字，以为容易理解是肤浅的表现。在爱因斯坦的思想中占主导地位的是认识理论，这不奇怪，因为他的相对论（用马克斯·普朗克的话说）超过了一切自然研究领域甚至哲学认识理论上的成就。"

"那么爱因斯坦不光是物理学家，也是哲学家喽？"斯特凡问。

"而且是个很有艺术气质的人。他的小提琴拉得非常好，有一次甚至在布拉格登台表演。他还说过，我们所能经历的最美的东西就是神秘的东西——这是守护在真正的艺术和科学的摇篮边上的基本情感，谁要是没有这种感受、不能再对任何事情惊奇赞叹，那他就如同死了一样，他的眼睛也不再有光彩。"

"干巴巴的科学家是说不出这样的话的。"

"这个伟大的人格外谦虚，他对外表毫不在意，总是穿着旧衣服、过短的裤子出现在大学的讲台上，表链都是铁的。"

"他对宇宙的原始力有如此深刻的认识，那么他还会相信有创造一切的上帝吗？"

"按他自己的话说，他的目光中充满了对大自然杰作的惊叹，对他来说，那是理性的杰作，是一切认识的顶峰，他坚信统治宇宙的是理性……"

"听起来和启蒙运动时的差不多嘛！"

"……统治自然的是和谐，斯特凡。他还说，他认为自己在大自然的杰作中认识到的，可以用'宇宙宗教感'来表达。"

"这是什么意思？"

"这种感觉，所有相爱的人都熟悉，所有时代里富有创造性的人心中也都充满了它。他说，世界这个永恒的、伟大的谜，至少是可以部分地被人看到和思考的，深入它的秘密就是一种解放——认识是道路，手段是科学研究，目的则是被解救而得到'真理'。"

"我想没人能比他说得更好了。"看得出这些话是多么打动罗曼的心。

"我也同意。"斯特凡宣布。

贝蕾妮克没说话,但是从她的目光里看得出她有多感动。

两个世界

人们冲进了冬宫

从餐馆里面看得见太阳已经开始西斜了,四个人现在又都浑身是劲儿。

"我要再次把你们带走。"塞内克斯指着墙上的远程转换器说。谁都没有犹豫。他们走出远程转换器的时候,已经置身于骚乱激动的人群中。天气很冷,也很潮湿,天色已经暗下来了。广场上满是穿深色衣服的男子,可以听见尖锐的口令声、队列行进的脚步声和清脆的枪声,士兵在跑来跑去。但最引人注目的是这一切背景中的壮观建筑。广场另一头有另一座巨大的建筑,但看不太清楚。

塞内克斯解释道:"我们是在圣彼得堡,那时候叫彼得格勒。今天是1917年10月25日,或者说11月7日,这要看我们是用俄历还是用欧洲通行的历法。天晚了,你们看天色就看得出来。

这是俄国最漂亮的广场，也是世界上最美的广场之一——王宫广场。那边那座建筑是冬宫，是十八世纪中叶意大利建筑师拉斯特列利为沙皇伊丽莎白一世造的。虽然现在正是革命期间，你们还是应该看它一眼。沙皇就住在那里。从淡蓝色的立面前那带雕塑和花饰的白色柱子以及墙壁上端金色的缘饰上，你们可以看出巴洛克风格与洛可可风格的混合。拉斯特列利造了很多雄伟壮观、装饰繁复的建筑，这种风格也被称为'彼得堡巴洛克'。广场中央耸立着亚历山大柱，是世界上最高的柱子之一，上面有一个天使。这根柱子是打败拿破仑后立起来的。在我们身后，广场的另一端是总指挥部大楼，拱成半圆形，中间有凯旋门，这门也是为纪念战胜拿破仑而建的。好，够了，不久天就要黑了，让我们回到历史的现实中吧。当时的总理克伦斯基的部下们就躲在冬宫里，由一个妇女营守卫着，贝蕾妮克。克伦斯基还在负隅顽抗。今天凌晨两点，按照列奥·托洛茨基的命令，布尔什维克与'红色卫队'——士兵、水手冲进了彼得格勒。他们占领了所有的战略要点，如电话中心、电报中心、各部、国家银行、火车站。但考虑到守卫冬宫的妇女营，他们尚未冲击冬宫。"

这时，大炮的轰鸣响起来了，广场上的队伍中爆发出欢呼声。他们向空中开火，举起武器向冬宫的方向做出示威的姿势。"阿芙乐尔号巡洋舰发出了信号。冬宫背临涅瓦河（它河面宽阔，注入波罗的海），河对岸彼得-保尔要塞的大炮也发出了示威的炮声。被包围者面临的形势极为严峻，所以克伦斯基早就溜号了。这个城市此时还叫彼得格勒，1924 年它将以'昨天'中央委员会选出的苏联领袖的名字命名。"

"列宁格勒！"

"1991年苏联解体后，城市又改回了圣彼得堡这个名字。现在，战舰放过炮后，'红色卫队'就要向冬宫发起进攻了。"

士兵、水手列起队来，口令声、枪炮声又响起来。一些队伍开始向冬宫进发，准备发起冲击。

"他们很快占领冬宫，会出现伤亡，但幸好伤亡不大。我们就不看战斗场面了，我是想让你们对这个地方和当时的形势有个印象。走，我们要穿过总指挥部的凯旋门。要是再往前走，我们就要走到主街道上了。但我们这就向左拐，回到'文学'咖啡馆去，它的门牌号是'18'。这个咖啡馆是艺术家喜欢聚集的地方，罗曼。不过今天人们都待在家里，这可以理解。但是普希金在那儿，柴可夫斯基也在，还有别的人。我们可以在那儿好好聊一聊共产主义乌托邦。"

那建筑物闪着冷冷的光，里面也是，但花形的玻璃电灯罩营造出一种浪漫的情调，室内的温暖让贝蕾妮克觉得很惬意。

塞内克斯和三个年轻人选择了窗边的一张桌子坐下，一个侍者送来了用俄罗斯茶炊做出来的红茶。

"我们又往回跳了一步。"塞内克斯说，"没人能说得清在十九世纪和二十世纪开始的所有发展，更不用说按顺序了，因为各种过程都交织在一起，一切都在继续向前，一切都只是过程——技术、社会、政治、文化……现在我要说说1917年初才在德国人的帮助下回到苏维埃联盟的那个人，他希望终止第一次世界大战,从此他登上了世界历史的舞台。其实从根本上说,我更想讲的是与他的名字关联着的运动。这个人就是弗拉基米尔·伊里奇·列宁,这个运动就是共产主义。"

关于自由和平等的想象

塞内克斯说:"列宁生于十九世纪下半叶的1870年,但他施展革命影响力是在二十世纪,那时他已经四十多岁了。让我们来回顾一下:启蒙运动之后是法国大革命;通过达尔文和弗洛伊德,人们对圣经的信念动摇了;与此同时,迅猛的工业化让大陆彻底变了样,无产阶级的力量也壮大起来,并从马克思那里得到了争取更好的生存条件的思想武器。"

"其结果就是十月革命和苏联的建立?"

"我现在还是不想列举事实。我只想说,在苏联,一种发展被推向了极端,其根源可以回溯到两百多年前。它从很多来源中汲取营养,越长越有力——而且这个时候还在继续成长。"

"您是说共产主义?"

"再没有比这更庞大的社会理想了,罗曼,它旨在解放全世界。彼岸完全被排斥了,这和宗教不同。卡尔·马克思是无神论者,列宁是无神论者,马克思列宁主义是无神论的,苏联按照其本质来说也是这样,虽然东正教信仰被保留下来了。那时的人们坚信地球上将出现一个完美的社会,绝不只是在俄国。"

"共产主义者中也有很多知识分子！"

"有一段时间，每个追求完美道德的人都是共产主义者。关于无阶级社会，关于马克思所说的阶级斗争的历史的结束，关于消灭一切冲突而达到永恒和平，以及幸福、快乐、安康的愿望，让最优秀、最理想主义的头脑兴奋和激动。在我看来，与其说俄国革命是一场军事行动，还不如说它是我们这个世纪里最重要的一个知识分子事件，载负着它的是尽善尽美地最终改进所有条件的信念。"

"这种愿望以什么为基础呢？"

"人们梦想这样一个社会——其中，私有财产被取消了，生产资料转归集体所有，消费建立在集体生活和财产归全民所有的基础之上，所有人的物质和文化需求能够得到同等的满足。此外，在共产主义制度下，所有的民族国家应彼此接近，最后成为一个没有物质与精神方面的匮乏、没有危机与战争的世界共同体。还有关于没有统治者——经济方面的统治者也没有——只有平等和公正的思想，这些是共产主义最吸引知识分子的地方。"

"这种想法现在还有啊！"

"是的，贝蕾妮克。今天还有一些人和马克思一样相信人类有能力建立一个没有压迫、剥削和战争的社会。"

"发展到那个地步的路可很长啊！"

"在我看来，柏拉图的《理想国》是其发端，原始基督教也算在内。十六和十七世纪时，以托马斯·莫尔为代表的人群梦想着按共产原则组织起来的国家。十九世纪的人设计出了没有私有财产和统治者、只有管理者的国家蓝图。而对马克思来说，历史是随着共产主义才走向胜利的，他和恩格斯期待的共产主义是人人能够完全实现自我的社会。他们认为，如果取消了生产资料的私有制，剥削与阶级对立也就不可能存在，政治秩序也就成为多余的了。如果生产资料到了工人手中，机器就会推动一切向好处转变。共产主义想要一个没有阶级，城乡之间、脑力劳动和体力劳动之间没有重大差别的富裕社会，其基本原则是：各尽所能、各得所需。"

"这听起来不是很棒吗？它为什么没能实现呢？"

"俄国革命的失败有很多原因。俄国不是一个工业国，而是个落后的农业国，是由多个民族组成的。我认为当时的社会思想的关键问题在于不讲心理学——至少在当时的社会环境中，人是需要个人所有物的，他需要有一个自己统治的领域，只有对未来拥有财产和改善自己境遇的希冀才能鼓舞他；他需要生存斗争，自然为此创造了他、装备了他；不属于他的东西，他就随它去；他不费力气就得到的东西，他会把它榨干。生活中，如果不是事关个人利益，人就会漠不关心。结果就是，什么都越来越糟，什么都不再发挥作用，计划经济中就是这样。"

"真不可思议！"

"在卓有成效的时候当然没有人知道！"

"这么说当时的共产主义思想还不成熟。"

"它不是'无产阶级专政'，而是'男人专政'。"贝蕾妮克很肯定地说。

"十月革命在俄国建立了布尔什维克政权，托洛茨基、列宁领导了它，还有斯大林和后来的继承者，从赫鲁晓夫、勃列日涅夫，到戈尔巴乔夫。但也必须看到，有很多妇女是坚定的共产主义者，并起了重要的作用。"

"为什么叫布尔什维克，而不叫共产主义呢？"

"布尔什维克指的是苏维埃的共产主义理论与实践，贝蕾妮克。"

"那苏维埃是什么意思？"

"'苏维埃'是俄语'委员会'的意思，本来指的是工人士兵委员会，后来就成了对苏维埃国家所有机构的称呼。随着革命产生了第一个表现为列宁主义的共产主义掌握了权力的社会秩序。列宁充满革命激情地说：'我们要夺走资产阶级所有的面包和靴子，我们只让他们吃面包皮、穿树皮鞋。'"

塞内克斯看上去很犹豫，最后他终于说："我们就走这么远吧，现在我们再回到柏林去。"

"什么，您的'数字魔术机'这儿也有吗？"

"远程转换器吗？就在你们身后。它前面挂着一块红色毡子做成的帘子，所以你没注意到。"

历史上一个不可救药的狂热分子

他们走进一片浸在明亮光线中的场地，其中停着一架有三个马达的直升飞机,中间的螺旋桨高高地伸到空中。机身和机翼银灰色的肮脏外壳十分显眼。

"我们在柏林边上的一个私人飞机场。现在是 1936 年 8 月初。上去吧!"

"这是一架容克斯 Ju-52 型飞机①,容克老姑妈,我可从没想过有朝一日能坐上它!"罗曼说。

"现在,一旦了解了 Ju-52 型飞机,你就知道它是世界上最值得信赖的飞机了。"

他们登上陡峭的舷梯,进到飞机内部。里面的布置十分简朴,位子够二十个人坐。他们刚坐稳,马达就启动了,螺旋桨一个接着一个动了起来,飞机开始在跑道上前进。

飞机剧烈地动了几下以后,他们升到了空中。飞机坐起来并不像在现代喷气式飞机里那么安静和舒服,他们觉得自己似乎置身于飞行的创业时代。塞内克斯让他们向窗外看,只见飞机低低地掠过通信塔和一片房屋的海洋、选帝侯大道、动物园、顶上的胜利女神塑像金光闪烁的凯旋柱,还有纪念教堂、交错的铁轨、亚历山大广场。

街上满是各种车辆,双层公共汽车、有轨电车、摩托车,还有马车。人行道上全是人。到处都挂着旗子,主要是长长的红布旗子,中间有个白色的圈和黑色的纳粹标志;不过还有很多街道上也挂着地球上许多国家的小国旗,连成一串串的,看

---

① Ju-52,德国容克斯公司 1932 年至 1945 年间生产的一款运输飞机。由于外壳坚硬而有"容克老姑妈""钢铁安妮"等绰号。

上去就像花束。

塞内克斯试图盖过螺旋桨发出的噪音："牢牢记着这一切吧！"三个青年听出了他沉重的弦外之音。

现在他们又飞过另一条装饰了更多旗子的宽阔大街，飞过一些体育场馆，还有一个建在森林边坡地上的露天剧场，它让人想起雅典的狄俄尼索斯剧场。宽阔的场地上有一座大理石白的体育场，一排排座位上黑压压的都是人。一个高台耸立在一侧，上面有个穿棕色制服的人不时盛气凌人地挥舞着右臂，下面红色的跑道上，一队队身穿浅色衣服的青年人正在入场，每队前面都立着面旗子。许多人在经过高台的时候也举起他们的右臂。

体育场中间的草地上几乎站满了人，运动员也已经在那里汇集起来。

体育场的入口上方有个大金属盘，再往前面一点是象征奥运会的那五个环。

各代表队入场完毕了。

"奥运会！"贝蕾妮克冲塞内克斯喊道。虽然她就坐在他旁边，但因为飞机的噪音太大，她还是得向他俯过身去，才能使他听见自己的话。

他点点头。

体育场中央的一列列田径运动员已经排好队伍，每队前都站着举国旗的人。这是一幅团结、和平、包容的图景，还有友谊——至少表面上看起来是这样。

Ju–52型飞机在上空兜了几圈，这时几个运动员组成的小队跑过前场，领头的举着燃烧的火炬。他们拐进大门，再次从运动场的另一头露面的时候，迎接他们的是人们激动的热潮。他们环绕运动场一周，观众站了起来，向他们欢呼。他们又跑到了大门那里，领头的一个迈着有力的步子跑上通往大金属盘的台阶，面向观众举起火炬，然后便让它的火焰探到大盘里去——奥运之火升起来了。

三个年轻人在飞机里听不见音乐声、鼓号声和掌声，但他们完全能够感觉到人们的兴奋和激动。

"你们还记得我们去奥林匹亚山的事吗？"塞内克斯喊道，"这来自奥林匹克思想——一场令人厌恶的骗局。这个过程并非没有象征性，奥运圣火的点燃有特殊的意义，因为三年后希特勒就将在世界上纵火。他利用奥运会让世人以为纳粹德国是一个充满和平、宽容和繁荣的国家，却在夺取政权的三年之后便发动了战争。现在我们继续飞行——在更广阔的空间和时间中飞行。"

今天仍存在对少数人的仇恨

雾渐渐围上来，挡住了一切视线。"欧洲刮起了飓风，飓风侵袭了世界。"塞内克斯喃喃说道。

他们像是在一团棉花中飞行。

突然之间像是有一口气吹散了雾霭，他们又看到了下面的城市，但已经不再是生机勃勃、充满欢乐的柏林了。那个装饰得过节一般、热闹非凡的城市不见了，变成了一片带着末日气氛的废墟，一个红褐色的坟场。绵延数公里的废墟，倾颓的房屋、烟囱，断壁残垣，冒着烟的瓦砾……

"这就是希特勒的杰作，奥林匹克的和平之后就是这个！"

塞内克斯沉默了，三个年轻人也一言不发。压抑的景象对他们的冲击太大了。飞机迅速降低了高度，草地越来越近，他们感受到冲撞和颠簸。飞机停下来。他们站起身，马达不再转动，四周一片寂静。

"我们下去吧！"他们走下飞机，三个年轻人一个个脸色苍白。塞内克斯把他们引向机场边上一座浅灰色的低矮建筑物。进去以后，他们发现自己又在旅舍的自助餐厅里了。他们坐了下来。

"也许你们感觉到我先前的犹豫了，"塞内克斯说，"下面这个话题是我很不情愿讲的，它太令人压抑了，但我们没法回避。刚才我们在高台上见到的那个人到底达到了他的目的——但凡讲二十世纪的历史，谁也不能绕过他。"

塞内克斯停顿了片刻。"我们现在要讲的是人类发展进程中的一幕，尽管它实在不是光彩的一幕。人们把他与亚历山大大帝、拿破仑、俾斯麦做比较，但在我看来他们比他人道。和这个自命为'元首'的人相比，嗜血的罗伯斯庇尔简直称得上是个高雅的君子。当然了，罗伯斯庇尔那时没有那么先进的技术手段，再多的断头台也无法与炸弹、手榴弹和毒气室相比，而这些手段希特勒都有——德国人民把这些手段拱手交给了他。"

"但不是为了这么可怕的目的！"

"也许你说得对，贝蕾妮克。希特勒欺骗了包括同党在内的全世界，更骗了德国人民和其他民族。历史上的诸次血腥大屠杀哪次也没有他毁灭的生命多。开始时他被人们狂热的激流载负着，但到了最后，人们就只是悄悄嘀咕着，被动地、胆战心惊地跟着他走向毁灭了，只除了少数几个狂热分子——只有他们直到最后还尾随着这个最不可救药的狂徒，做他的帮凶。"

"您为什么一定要提他，塞内克斯？"

"我不打算说细节，但我一定要向你们指出，人类从石器时代开始，经过伟大的古典文化时期，几千年来一步步走向成熟，发展出宗教、哲学、科学、艺术，但却仍然没有办法阻止这样一个可怕的怪物向上爬。"

斯特凡插嘴道："您提到了狂热和盲目信仰，我想，罪恶的政权大多不是由罪犯掌握的，而是由狂热分子掌握的。"

"希特勒不是一般意义上的罪犯，他是个搞大屠杀的凶手。他信奉战争和屠杀，世上的低级与凶残无出其右。在希特勒掌权以前，德国的历史算是寻常，和其他民族没什么大区别，有战争、压迫、残酷，但也有和平、繁荣和文化。是希特勒把德国人变成了各民族中的疯子，而且——这一点我得说清楚——还不主要是因为他策动了第二次世界大战（这固然是场罪恶的战争，但他并不是唯一的发起者），更是因为不可理喻的犹太人大屠杀（暂且不说对吉卜赛人和其他少数民族的屠杀）。此举的规模之大和残酷是空前绝后的。"

"真的是空前绝后吗?"

"这个问题引发了一场争论,到现在还没有定论,我不想深入地谈它。不管是什么种族、宗教,不管是什么国家、肤色,对异类和所谓的'低级种类'的潜在仇恨直到今天依然遍布于世界。"

"这很严重,但确实如此。希特勒为什么那么仇恨犹太人呢?"

替代宗教的种族神话

"我们知道,反犹主义及对犹太人的迫害自中世纪以来就一直潜伏在基督教会和世俗统治者之中,不管是在天主教地区还是在新教地区,而且曾一而再、再而三地被煽动起来,但还是有所区别。早期的敌意主要是针对犹太教的,最好称之为'反犹太教主义',他们谴责犹太人对耶稣的死负有罪责,轻信那些随意散布的谣言并火冒三丈,比如说什么犹太人亵渎圣体、杀害基督教儿童以祭神、在井里下毒之类的,其结果是对犹太人的凶残迫害,而且不仅仅是在德国和中欧——在西欧有信仰天主教的西班牙国王驱逐犹太人,在东欧有俄国对犹太人的屠杀。可以肯定的是,天主教一直到第二次梵蒂冈宗教会议以前都把犹太人视作异教徒而反对他们,但其目标主要不是灭绝犹太人,而是要迫使他们皈依天主教;犹太人如果受了洗礼,那从理论上讲，就什么事也没有了。实际情况当然往往大不一样，但毕竟犹太人可以在比较有利的条件下躲避迫害。随着宗教上的反犹太教主义而来的是社会上对犹太人的敌对。由于犹太人不准从事'正派'的手工业，行会对他们也是大门紧闭，所以他们只好去当'不名誉'的放贷人和商贩。'不名誉'是因为，比如，一个神职人员永远也不能借钱给别人，谋取所谓的'暴利'。很多人因此成了犹太人的债务人。犹太人得付出高昂的代价才能获得当地领主的保护，还要与世隔绝地生活在犹太人居住区里。对犹太人比较宽容的时代与敌意高涨的时代交替出现，直到启蒙运动情况才有了改变——虽然对少数族类的反感是那么根深蒂固，就连许多启蒙主义者（包括伏尔泰）都表露过反犹太人的思想。然而，在革命的法国，犹太人还是获得了官方认可的平等地位，后来在其他国家也是，虽然这种平等地位往往是相对的。直到1871年，在德意志帝国，他们才真正获得了和别人一样的地位。于是大量的犹太人都被同化了，很多人改变了传统的生活习惯，有的皈依了基督教，因为只有这样才能真正被社会接纳，在学术界或军队里获得发展的机会。这样一来，个别犹太人完全有可能在社会上取得很受尊敬的地位，然而，对于作为一个整体的犹太人的反对和歧视依然存在。"

"是不是再也没有以宗教为基础的反犹主义了呢？"

"几乎没有了，罗曼，虽然还总是有教会的人叫嚣着反对'德国精神的犹太化'，要求'把我们血液中的犹太毒汁排出去'，比如十九世纪八十年代德国的宫廷牧师阿道夫·施特克尔就主张这样。到二十世纪也还有些神学家宣称犹太人具有毒害作用——虽然他们后来坚决反对希特勒。"

"如果是那样的话，就也可以说，没有基督教的宣传和迫害就没有反犹主义，可能也就不会有大屠杀。"

"不能把这个罪责推给二十世纪的基督教，斯特凡。没有哪个基督徒希望有那样的暴行。很多非教徒的反犹主义者都脱不了干系：历史学家海因里希·冯·特赖奇克宣称'犹太人是我们的不幸'，哲学家约翰·戈特利普·费希特和作曲家理查德·瓦格纳都写过反犹主义的文章。但说他们是潜在的屠杀凶手是不公正的。"

"希特勒唆使的对欧洲犹太人逐步实行的屠杀不正是对犹太人持续几百年的欺压、迫害的结果吗？"

"但必须看到，反犹太教主义在十九世纪初已经不起什么作用了，斯特凡。取而代之的是一些到那时为止人们还不了解的新东西。1854年，法国人阿蒂尔·德·戈比诺发表了《关于人类种族差异的杂文》，'种族'这一概念第一次出现。这本书成了所有种族狂徒引证的基础，种族神话替代了宗教，从此，'雅利安人'优于'犹太人'的说法传播开来。不论强弱，反犹主义蔓延开来，遍及欧洲，没有例外，第一次世界大战前在维也纳尤其猖獗。当时还年轻的希特勒吸取了它，将之变成他根深蒂固的思想，日后又成了他的两大目标之一——消灭犹太人。他有选择地给犹太人烙上了'国际主义'或'布尔什维克'的印记，盲目地把历史看作'种族自我保存本能的表现'。"

"他的第二个目标是什么？"

"这产生于他的'大德意志民族主义',以征服东方和俄国新的生存空间为目标,罗曼。这就是他发动第二次世界大战的原因。他以为,只要在西部逼法国投降,解除后顾之忧,那么用闪电战就可以征服军事力量薄弱的俄国。德国军队在莫斯科受阻、希特勒意识到不能获胜以后,却仍没有做出任何结束战争、达成和平协议的努力(许多历史学家都认为这在当时是可能的),而是一天天拖下去。"

"可为什么呢?这样他不仅害了德国人民,也害了他自己啊!"

"他这么做,是为了赢得实现第一个目标的时间,要把全欧洲的犹太人都在死亡集中营里消灭掉。"

"忘了在哪儿,我读到过这么一句话:'上帝最终死于奥斯维辛。'"

"考虑到事情的不可理喻和无法解释,我认为这个观点表达出了一种极度的震惊。大屠杀是有史以来最残忍、最不人道的事件,希特勒有意识地把自己的生存和德国的未来放在了刀尖上。"

"太疯狂了,竟然不惜毁灭自己的生命吗?"

"希特勒时刻做着自杀的准备,他的死可以证明这一点。他留下的则是一个面目全非的世界。"

"这不就是人类一旦大权在握便会发疯的完美例证吗?"

"'完美'这个词,我决不会把它和希特勒连起来,但我明白你的意思,罗曼,而且你说得有道理。有一点是肯定的:如果德国人不是那么盲目狂热地追随希特勒,或许世界就不会遭受这么多苦难。"对此没有谁想再说什么了。

塞内克斯显然放松一些了:"你们也许纳闷我们在这儿为什么没喝咖啡——一是因为我们刚在彼得格勒喝了茶,二来我还要带你们去另一个饭馆。这回又是去巴黎,在那儿,圣日耳曼德佩区一带众多艺术家酒馆中的一个在等着我们呢。它是叫'酒馆'还是叫'小饭馆'并不重要。我们到远程转换器那儿去吧。"

存在与虚无

生存的体验

塞内克斯和三个伙伴通过侧门进了房间。对面大概是个主入口，那不过是朴素的地下室台阶，嘻嘻哈哈的年轻人正从上面闯下来。酒馆的天花板是画上了图画的穹顶，支着它的柱子上也是五颜六色。有些画是仿毕加索的，有些则仿马蒂斯，还有仿其他有名的超现实主义画家的。

酒馆的生意很好，坐在小圆桌前的客人有的邋邋遢遢，有的则身着奇装异服。男子穿着牛仔裤，姑娘和妇女则穿圆领毛衣、男式衬衣、毛外套或女式衬衣。

人们喝着巴斯蒂酒、苦艾酒、红葡萄酒、啤酒，啃着奶油蛋卷和长棍面包，所有人都抽烟，无论男女，几乎没人不拿着烟——叼在嘴角、夹在指间、搁在烟灰缸上——空气也就可想而知了。不知什么地方藏着电灯泡，但光线主要来自酒瓶里的蜡烛。烛泪滴在瓶壁上，有雕塑一般的装饰效果。

塞内克斯和三个人一起坐下来。房间前部有一个低矮的舞台，还有一架钢琴。

穹顶上，侧面是五扇椭圆形的窗户，下午的日光照射进来。一扇窗敞开着，一团团汽车的尾气涌进来。

巴斯蒂酒端上来以后，塞内克斯说："这是圣日耳曼德佩区一带生意最好的'存在主义者'酒馆之一，而圣日耳曼区又是所有的波希米亚人①——艺术家、作家、画家、存在主义者——最喜欢逗留的城区。我们到这里来就是为了他们。之前我们已经经历了几次存在主义的开端，它在二战后成了决定性的思想潮流——不仅是一种从现实中而来并高于现实的哲学，它就是一种生活态度。"

"为什么呢，塞内克斯？"

"世界发生了重大变化。第一次世界大战以后旧的社会秩序就已经连同它的价值标准一道土崩瓦解了。人们（尤其是年轻人）寻求一种新的方向，并认为自己在存在主义中找到了它。这种哲学是一场严重危机和不安感的表现。黑格尔或克尔凯郭尔是它的源泉，尼采和埃德蒙特·胡塞尔也是。"

"我想，我们这还是头一次听您提胡塞尔。"

"他是个德国哲学家，探求一种'纯粹的意识'，一种作为'严格的科学'的哲学，对其他人（比如海德格尔）的影响很大。"

---

① 在此处指过着非传统风格生活的艺术家、作家及任何对传统不抱幻想的人。"波希米亚人"的这个含义出现于十九世纪中叶的法国。

"但我想存在主义者首先都是悲观的。"

"对他们来说有一种'基本的经验',也被他们称为'存在体验'。他们不带任何幻想地讨论我们那些基本的问题。在克尔凯郭尔那里是'恐惧',到了马丁·海德格尔那里则是'死亡',在让-保罗·萨特那儿是'恶心'。他们在恐惧、忧虑、死亡、挫败、恶心、世界的虚无和荒谬之中看到了个体的独特体验。"

"我现在就已经悲哀起来了。"贝蕾妮克喃喃地说,把一缕发丝拨到脑后去。

塞内克斯向她投去充满理解的目光,说:"和传统的哲学不同,存在主义试图从个体的存在来解释人的现实——一种被易逝、冒险、恐惧、无聊、矛盾和不确定耗损着的存在。比如海德格尔只思考单个的人,而不把社会问题纳入他的考虑;面临虚无主义盛行的状况,海德格尔试图重新提出生存意义的问题。"

"请举个例子!"

"海德格尔问:'存在是什么?'他的回答是:'我们不知道。'但我们可以在能够对自己进行反思的人和没有能力做到这一点的人之间看出区别。一块石头'存在',但它与它自己毫不相干;不管是树还是椅子,全都是这样的。人却不仅仅存在着,他还发展出同自己、同周围的人、同非人存在物之间的关系。人不仅'存在',人还应该'存在';他的存在是一个使命,是他在他的存在之中还得去实现的东西。"

"我觉得这倒不难理解——我们的存在是一种任务,对不对?"

"海德格尔由此又重新考虑了古典形而上学追问存在意义的

问题。他的主要著作是《存在与时间》和《什么是形而上学》。他认为存在的决定性特征是时间性,它是过去、现在和未来的统一体,是'通往死亡的存在'。海德格尔为人类存在的基本体验创造了一些概念:'在世界中的存在''忧虑''恐惧''罪责''被抛'。"

"这听起来又非常悲观了。他说'被抛'是什么意思?"

"我举个简单的例子,罗曼——我是以法国人,还是以意大利人、德国人的身份存在,我生活在什么样的时代,有什么样的才能,这些我都不能决定,我只能将其作为'被抛'给我的来接受。我们生活在对未来的始终无把握之中;我们被抛在一个有限的、被虚无逼迫着的存在之中,它的两头就是生和死。"

"海德格尔的语言不是极难理解的吗?"

"也许最大的困难并不在于他复杂的语言,而在于他闯进了一个陌生的领域。他认为,我们不熟悉的、陌生的东西是不能用我们熟悉的词句表达出来的。他创造的一个概念就是'被抛'。这个词无比准确地说中了时代的精神,于是成了时髦。海德格尔的第一部著作《存在与时间》在哲学家的圈子以外也引起了很大反响,主要是青年人感到这涉及他们自身。因为海德格尔对存在的研究是针对那些能够对自己的存在进行思考的人的,而自己的存在主要是由短暂易逝性决定的。"

"那海德格尔有没有说,在这么令人懊丧的前提下人应该怎么生活呢?"

"他认为存在的主要特征是人'忧虑'并'关心'着生活;

他指责道,人对那些他与之打交道的东西比对自己还要熟悉。由此,海德格尔对心理学、神学以及艺术都产生了很大影响也就不足为怪了。"

"真的吗?在哪儿?怎么影响的?"

"比如在法国。这里信奉存在主义的人格外多。"

"大概主要是通过让-保罗·萨特吧?"罗曼问,"他不也是个有名的作家吗?"

一种时髦的哲学

塞内克斯点点头:"在法国,存在主义一开始就影响了文学、美术和电影。有不止一家的存在主义咖啡馆、存在主义酒馆,所有想赶时髦的人都聚到那里去。这儿也是这样。下面朱丽叶·格雷科要演唱《存在主义的缪斯》了。"

塞内克斯的话被打断了,一个身穿黑色圆领毛衣的青年男子走上舞台,掀开了钢琴盖。他先弹了几个和弦,接着弹了一串琶音[①],然后又弹了几个和弦,所有人的谈话都停了下来。等四下里完全安静了以后,又有一个年轻的女子上了台,迎接她的是一阵欢呼声、长时间的掌声和叫好声。她是个优雅的女子,看起来几乎不到二十岁的样子。她那张匀称的脸上,一双深颜色的大眼睛

---

① 一串和弦音由高到低或由低到高依次奏出。

格外引人注目，栗色的刘海遮住了她高而平滑的额头。她的嘴唇柔软而丰满，涂了口红。她的身材修长窈窕，一条高领的黑色连衣裙使其显得更加突出，裙子上没有任何装饰，也没有一个褶裥或花边儿。

给她伴奏的人弹了几个小节，然后她就开始唱了。她的声音低沉而富于感性，感染力很强。与其说她是在唱，不如说她是在讲话，低语声、恳求声夹杂在一起。她说出来的比唱的更重要，传达的消息比音乐更重要。最打动人的是手部的动作——它们在她的身体周围时而缓缓飘浮，时而一掠而过，时而抬起，时而落去，还像捧着圣物一般举着话筒，百般爱抚。

她唱的是过去的时光——《过去的岁月》；还有青春，梦幻般的易碎的青春——《梦幻与脆弱》；生存的恐惧和迷惘——《枯叶》；最后她以要求结束——《释放我》。她的手掠过她的全身，似乎承诺着一切，又似乎要拒绝一切。观众们鼓掌、跺脚、吹口哨："Bis！Bis！"——再来一个，再来一个！但朱丽叶·格雷科只是交叉着双手深深鞠躬，头发飞到前面，遮住了她的脸。她就这样停了一会儿，然后便把头发向后一甩，消失在边门里。

"这就是她！"塞内克斯说，"朱丽叶·格雷科。她的一些歌词是让-保罗·萨特、阿尔伯特·加缪和其他重要作家写的。萨特写于1941年的第一部重要哲学著作《存在与虚无》成了法国存在主义的代表作。"

观众们开始交谈起来，谈话声嗡嗡营营地夹杂在一起。"存在主义主要是在第二次世界大战以后产生了巨大影响，有段时间竟成了时髦。让－保罗·萨特和他的情人西蒙娜·德·波伏瓦的个人精神、思想魅力也起了很大的作用。"

"他的情人？她不是他的妻子吗？"

"不是，而且这很能说明两个人的个性。萨特上大学时就已经认识西蒙娜·德·波伏瓦了，出于'绝对的真诚'，他们拒绝像一般人那样结成夫妻。"

"萨特不也是坚定的共产主义者吗？"

"马克思主义是对当时知识分子影响最大的社会理想嘛。萨特在他的《马克思主义与存在主义》中把第一个位子留给了共产主义思想。到晚年，他尤其强调个人参加政治和社会活动的重要性，因为他认为人仅仅是他自己发展成的、做到的、经历过的事情。"

"他难道没有看到当时的共产主义存在的问题吗，尤其是在斯大林时期？"

"怎么没注意到，尤其是在五六十年代。他虽然持马克思主义的观点，但他批判任何教条主义乃至暴力。他是个无神论者。对上帝的追问过去曾是那么重要，但在二十世纪的思想家那里它已经不是个主题了。萨特认为人生而自由，因此人必须自己将意义赋予自己的存在。他就是以这种精神投身于世界和平运动。"

"这样一来我倒觉得应该肯定这个头号虚无主义者。"斯特凡说。

塞内克斯点点头："完全有理由称他是一位现代人道主义者。我们就以他结束这一部分。"

突然之间，东西都不在原来的地方了

塞内克斯请他们再次置身于几年以前，接着方才的话说道："你们看到了，过去几年的变化对人们的影响很大。这对造型艺术家来说也一样。首先，信念的丧失夺去了他们几百年来所熟悉的那些题材，再加上理论物理学突破性的新认识以及关于宇宙的复杂知识——人们现在面对的是量子论和相对论。在那以前，人们一直认为世界是可以用肉眼看到的，在无限的小和有限的大之间延展。而现在有了马克斯·普朗克和阿尔伯特·爱因斯坦的理论，不管是在原子那里还是在宇宙中，一切似乎都不再是原来那样了。量子论使历来关于物质宇宙的观点产生了动摇。1927年维尔纳·海森堡公布了他的'物质测不准原理'。"

"您说人们的不安感因此加深了吗？"罗曼问。

"至少人得寻找新的解释。"塞内克斯答道，"维尔纳·海森堡、马克斯·玻恩和恩斯特·帕斯库尔·约尔当通过量子力学创造了一幅新的物理学世界图景。"

"怎样创造的呢？"

"古典力学的出发点是稳定、持续的过程，而量子力学却认识到大量骤然间的变化，即所谓的'量子跳跃'。马克斯·普朗克发现，光是由波组成的，但它只能以光束、以量子的形式被放射和吸收。古典力学研究固定、可测量的值，量子力学却立足于极小的微观世界中那变化着的可能性。"

"在量子力学中一切都变得不确定了？"

"至少是更难计算了,罗曼。海森堡证明,基本粒子(就是那些小到极点、小得不能再分了的微粒)的位置和运动从来不能被同时精确地测定。'测不准原理'使事先计算微观运动的过程成为不可能的事。你要么预先说出有关位置的测量结果,要么说出有关时间的测量结果,但不可能同时得到两个结果。"

"这就使预测的可能性减半了吧?"

"对,斯特凡,量子力学把偶然——单个发生的事件在原则上的测不准性——引入了物理学。"

"而这也能刺激艺术家吗?"

"至少是影响了他们。分裂原子的消息使第一个创作抽象画的画家瓦西里·康定斯基如此震惊,以至于他说,即使石头突然间升到空中化为乌有,他也不会更吃惊了。他觉得每样东西都不在原来的位置了。造型艺术与其所处时代的知识的关系比人们想象的要紧密得多。尼采就曾叹道:'我们解开了地球和太阳之间的链子——我们干了些什么啊?它现在要向哪里去呢?我们要向哪里去呢?远离所有的太阳吗?我们不正在不停地向前、向后、向四面八方跌落吗?还有一个上、一个下吗?我们不正像迷失在一片虚无中了吗?空空如也的空间不正在向我们吹出它的气息吗?天难道不是变冷了吗?来临的难道不再总是夜,而是别的什么了吗?'"

"没有人能说得更感人了!"

"艺术家们不仅寻求新的内容,也寻求新的形式,尤其是因为那时的摄影术已经可以比绘画更精确地再现事物。你们这就会看到一个例子。我们现在就出发，因为我们得趁天还亮着的时候去走访一个人，再晚天就黑了。"塞内克斯站起来，三个人跟着他，走到嵌在墙里的远程转换器前。

画家、艺术家、富于创造力的人

他们再次走出远程转换器的时候，感到的是柔和地散发着芳香的空气、宜人的温暖和充沛的光。他们面前是一座"美好时代"风格的大房子，被灌木丛和树木环抱着，散发出沁人心脾的气息。一棵繁茂的九重葛热情地展示着它色彩鲜艳的苞叶，贝蕾妮克快乐地深吸着空气。

塞内克斯说："这是戛纳北边的加利福尼亚别墅，我们是在普罗旺斯。"

"怪不得！"贝蕾妮克喃喃低语道。黄昏最后的光落在周围环抱的山丘上。

塞内克斯继续说："房子的新主人正处在他最负盛名的时期，是他最出色地完成了古典艺术向现代艺术的过渡。称他为'画家'还只是对了一部分，他的价值比这更大。"

"我猜您说的是巴勃罗·毕加索，对吗？"

"你猜的再对不过了。"塞内克斯微微笑道，"我们在花园里的凳子上坐一会儿吧。毕加索 1881 年生在马拉加，他将在法国南部去世，享年九十二岁。我说'将'，是因为我们现在是在

1955年，他七十四岁了。"

"能遇到他真让我高兴！"贝蕾妮克兴奋地喊道。

"如果看到你，他会画你的，但问题在于我们能不能在他的画里认出你来。"

"肯定能——在一种更高的意义上。"她说。

塞内克斯表示赞同她的说法："艺术帮助我们超越自身的界限，并换一种目光来看世界。毕加索的父亲就是画家、美术教师，他很早就发现儿子的天赋比他高得多。那男孩子还没学说话就会画画了，而且不像是个孩子画出来的。他学得很快，发展得很快，年纪轻轻就去了巴黎，一直生活到第二次世界大战结束以后。在那儿，他选取马戏团的题材来画。他是个天生的画家、艺术家、富于创造力的人，他说绘画比他强大，绘画可以令他去做它要他做的事。他这么说是可信的，因为他的脸看上去像一位大智大慧的禅师，流露的神情显示着他达到了这样一种境界：'不是我在画，是它在画！'他到了九十岁高龄的时候还倾心于绘画，还在尝试新的技巧、色彩和形式。直到去世，他的善感以及对生命的热爱也没有麻木。他有一双魔术师的手，有无尽的想象力，他想象出来的事物，二十岁的年轻人连做梦都梦不出来。"

"显然您很欣赏他，是吗，塞内克斯？"贝蕾妮克在手指上缠着她的一缕发卷儿。

"我眼中的他是二十世纪的天才，但这并不重要。"塞内克斯回答，"我只是想说，即使是在我们这个所谓高度技术化、物质化的时代里，人的创造天赋也是能够得到发展的，而且完全可以和以前时代的天才相比。"

"您是在给我们鼓劲儿打气，塞内克斯！"

"可以这么说，斯特凡。即使形式和内容变了，人的艺术创造力也不会枯竭。而如果人的艺术创造力是如此活跃，那么人的丰富也就保持住了。现代艺术几乎在所有方面的重要发展都得感谢毕加索；他永远在更新自己，而他是那样精力充沛。我想，自佛罗伦萨的文艺复兴以来从没有过比立体主义更巨大的绘画革命，这场革命是毕加索和乔治·布拉克掀起来的。这种风格建立了一种新的美学，它像是业已建立的绘画大厦里亮起的一道闪电。毕加索的《亚威农少女》成了他那个时代最遭仇恨的一幅画，但也是最有名的。"

贝蕾妮克还想知道得更多些："它的特别之处在哪儿呢？"

"物体被缩减至带角的面，一个长方形成了嘴，一个圆柱形是眼睛，一个洞就是鼻子。但你不能断言这个不断创造着、变化着的天才只属于某一种风格。每十年他便和自己以前的作品决裂一次，他从所谓的'蓝色时期'经过'粉色时期'，又发展到立体主义和现代雕塑。他揭示了孤独的、被社会排斥在外的人心中的痛苦，画憔悴瘦弱的孩子和母亲、酗酒的女人、贫穷的妇女、乞丐——被绝望包围着的人们；他也揭示了流浪艺人的忧郁、人们在生活中的迷惘；他表现了悲哀的杂技演员和小丑，他们是人类和艺术家生涯的象征，姿态中流露着优美和谦恭。他的作品精致感性，他笔下的女孩子充满妩媚；他自己曾说到'眼睛的思想'。非洲的面具、伊比利亚及大洋洲古老的雕塑、伊特鲁里亚和埃及的艺术……他从各处掘取灵感。他既赞叹哥特式的绘画，也佩服日本的木刻，不停地探索着新的风格和形式。他在垃圾场上挖掘，带回稀奇古怪的东西——金属、木头块、生锈的电线、破罐、破篮子；用一个旧自行车车座和一个车把做出个牛头，或者把旧铁变成一只大鸟；几乎没有什么不被用于创作，也几乎没有什么经他手后不变出点什么。他用最平凡的材料做出了最感人的雕塑——一只山羊，艺术爱好者肯定都知道它。他绘画，制作拼贴画和雕塑，还做陶器。除他以外，没有哪个艺术家曾把如此丰富的发明和如此活跃的创造力结合在一起过。"

"他在政治领域也很活跃，不是吗？"

"毕加索也是最早坚信共产主义理想的知识分子之一，罗曼。他为共产主义者创造了和平鸽，这只简简单单的鸟已经成为一种象征。很少有艺术家在活着的时候向世界发出过他这样的呼吁。第二次世界大战爆发前两年他就已经创作了《格尔尼卡》，这幅画的灵感源于他对同名城市被摧毁而感到的震惊，他提醒人们要警惕屠杀无辜的行径。对很多人来说，《格尔尼卡》已成为反法西斯艺术的典范，它不仅是对佛朗哥①和为他撑腰的希特勒的控诉，更是反对战争恐怖的吼声。年复一年，这幅画吸引着人们，正像伦勃朗的《夜巡》和达·芬奇的《蒙娜丽莎》一样。"

"他到底创作了多少作品呢？"

---

① 弗朗西斯科·佛朗哥（Francisco Franco，1892—1975），西班牙独裁者，长枪党首领。

"大概有好几千幅油画、几百件雕塑、无数的草图和陶器。他写诗,还留下了一个剧本。他搬到法国南部时已经七十岁了,先是到陶器城瓦洛里斯,他称那里的风景'完全是他自己的'。在生命的最后几年,他还在拿彩绘陶器做实验,其式样可以回溯到人类文明的早期。现在我们就在这里,在戛纳附近。让我们到他家去吧。"

创造性的混乱,一只会变戏法的手

塞内克斯领着他们拾级而上。房间一间连着一间,每一间都充作画室。所有的画室里都一片混乱,不管向哪儿望去,看到的总是由纸张、画布、桌子和瓶瓶罐罐组成的静物图景;但更多的则是草稿、完成度不一的画——有的只有粗粗的轮廓,有的已经完成,却被漫不经心地抛在一边——倚在墙边的、画架上的、靠在书柜上的、放在凳子上的……最能吸引三个年轻人目光的是那些肖像画,它们都具有强烈的吸摄力。每幅画上的东西都不同,不仅有头颅和身体,也有三角形、卵形、彗星尾巴、菱形、线条。桌子上,陶制的花瓶和各种塑像与瓶罐、垃圾为伍,混杂在一处。走廊上到处是摞起来的纸箱子和画布。

塞内克斯带领他们穿过这片创造的丛林,林间流溢着从敞开的窗子外涌进来的松树和桉树的香味。宽大的起居室也成了画室。

"这和鲁本斯那巴洛克式富丽堂皇的画室差别太大了！"罗曼道，"这儿的一切都充满爆发力和创造力！"

"这是一个艺术之巢，它里面的'孩子'羽毛丰满后就要争先恐后地飞出去了！"贝蕾妮克又添上一句。

"这儿有他喜爱的一切。"塞内克斯说，"他的习作、画、草稿、雕塑和家具。他还为这个画室画了一幅画——哦，它靠在这儿呢——你们在画面中间能看到画架上干净的画布，右边那幅素描画的是杰奎琳①，左边是一座雕塑，那儿有一个小小的女性头像，是菱形的，还有一只摩洛哥盘子。这些都是他工作时要用的，都是不寻常的东西，打开的板条箱、干枯的花、摞在一起的衣服、花瓶，花瓶里插着各种硬度的笔还有花儿，新的、挤得歪歪扭扭的颜料管儿、一盏灯、包装纸、鸟笼子。你们看到了，不仅是这些物体本身，它们的影子也都强烈地造成混乱的印象。"

"大概每块画布对他来说都是一个实验场地。"

塞内克斯点点头："其中诞生了前所未有的事物。"

"艺术家都是这样的！"罗曼插了一句。

"是的，但谁都没有他这么丰富、这么独特。他也赋予了雕塑以新的形式，赋予新的形式以新的色彩，而通过新的色彩和图案他又改变了形式。于是，一只被他折弯了颈部的粗陶花瓶成了一只游泳的鸽子。"

一阵窸窸窣窣引起了他们的注意——一个人进来了，他看

---

① 毕加索最后一位伴侣。

上去像是由力量凝聚而成的。他个子不高，但就算他只齐另一个人的肩膀高，引来所有人全部注意力的也会是他。最咄咄逼人的是他的那双黑眼睛和那闪耀、审视的目光。一方面他看上去很神经质，弦绷得紧紧的，另一方面却又散发出一种蕴含着力的宁静。他的脑袋上还有窄窄的一圈白发，给人赤裸裸的感觉。

"他的头不太像是一位日本禅师，倒像是个被风风雨雨蹂躏过的印第安人。"贝蕾妮克小声说。

深深的沟壑从他的鼻子通向下巴；虽然上了年纪，他却显得很年轻，好像随时在等待出击。他穿着膝盖上鼓起了大包的黑色裤子，白色背心儿松松地盖过了腰。

毕加索在一个画架前站下，稍稍把它调整了一下，便有力地挥动画笔，扯出黑色的笔道，画了一幅普罗旺斯风景——一个有教堂的村庄，线条间的空白被他用树木、枝杈、树荫填上，背景是一座小山丘，上空飘着朵云。随后他用指尖随意抹些白粉，烟囱里便冒出了烟，房屋间便落下了阴影。

他停下来，点上一支香烟，烟从鼻孔里喷出来，一直抽到剩下还不到一厘米长的烟蒂在他指间闪着亮。

夜晚降临了，塞内克斯催大家上路。

"他简直是一座喷发的火山！"下楼的时候贝蕾妮克喃喃地说着。

"他的座右铭是：'完成工作会带来自由，你得工作、工作、再工作。'这是他最常说的话。"

"我想这话不假。歌德不是也说过类似的话吗？"

"他说：'再也没有比不工作的闲人更可怜的了。'"

他们走进花园，光线已经暗了下去，让位给芬芳的气息，那株九重葛微微闪着光。

塞内克斯最后说："他将始终如一地活跃下去，直到生命的终点；年老也不能将他制伏。死神将对他很仁慈，他停下画笔和停止呼吸是在同一时刻。"

一项可以同印刷术相提并论的发明

借助远程转换器，他们只迈了一步就又回到了柏林。旅舍里还没点灯，十分安静，几把钥匙都摆在那儿等着他们。但塞内克斯说："再等一下，你们回房间以前，我还想再说点别的——当然是与我们息息相关的。"他靠着吧台，胳臂肘支在上面，"在第二次世界大战的最初几年，柏林造出了一种机器，那时还没有人能预见到有朝一日它将变得多么重要。"

三个伙伴交换了一下目光，斯特凡耸了耸肩。

"你们全都知道它！三百多年前帕斯卡和莱布尼茨就造出了算术机。"

"啊，是计算机！"贝蕾妮克喊道。

"1936年法国的瓦尔塔提出一项专利申请，描述了一种二进制算术机的原则，它只用两个符号组成的系列就可以表示出所有的数，起初它只是一个简单的计算器。"

"二进制体系不是早已由莱布尼茨发明出来了！"

"而建筑工程师康拉德·楚泽因为经常需要处理大量数据而开始为他的统计工作设计一种机械工作、程序操控的机器，那也是大约五十年前的事了。他用的也是二进制，因为它用简单得多的存储元素就可以了，比代数学的方法简单得多，只认 0 和 1。楚泽把不同的数用一串 0 和 1 的不同组合表示出来。"

"今天所有的计算机不都是这样工作的吗？"

"楚泽把他的试验机称为'楚泽一号'，对已有的结果他还不满意，'楚泽一号'之后又出了'楚泽二号'，再往后的'楚泽三号'就已经有了两千个继电器。这就是最早的由程序控制的计算机，工作起来无可指摘，但个头也相当可观——它主要是用旧的电话继电器和旧材料做的。楚泽建立了一个工厂，现在它是西门子公司的一部分。1965 年的'楚泽二十二号'是第一台电子计算机。余下的历史你们就都知道了，而且你们也每天都经历着它。"

"我想，自从印刷术以来很少有发明如此彻底地改变了世界。我之所以不由得想拿这二者比较，是因为它们的目的都是加工和传递信息。"

"只是，有了最初的计算机的时候，人们还没想到过信息交换，就更不用说机与机之间、大洲与大洲之间、在地球轨道上乃至与其他行星之间的信息交换了。但现在我只想说说这场革命的开端。反正我们已经快要到达这次漫游的终点了，要说的东西已经不多了。"

"我会怀念这些谈话的。"贝蕾妮克发自内心地说。

一股震撼人寰的火流

贝蕾妮克的话使塞内克斯很高兴:"尽管如此,我还是得结束。我们已认识了玛丽·居里,谈到了物理学的胜利,但人是有两面性的——既可以可爱,也可以可怕,所以人的作品也具有两面性。比如我把成功地分裂原子核看成是最大的矛盾之一——人在插手自然这件事上做得太过分了,这一成功像一道闪电,以一种戏剧性的、可怕的方式击中了世界。"

"您说的是原子弹吧,塞内克斯?"

"我们知道,贝克勒尔于十九世纪末发现了自发放射性现象,玛丽·居里分离出了铀,并发现了放射性。玛丽·居里的女儿伊伦和她的丈夫弗雷德里克·约里奥研究出了人工制造放射现象的方法。欧内斯特·卢瑟福、阿尔伯特·爱因斯坦、奥托·哈恩和其他许多研究者研究了原子并试图使原子分裂,或反过来使原子聚合在一起。他们想开发一种新的能源,因为他们发现分裂和聚合的过程中都会释放大量的热、光和其他力。

"第二次世界大战期间研究转移到了美国,因为前面已经说过了,他们担心德国的原子物理学家会为希特勒制造原子弹。1942年12月,意大利裔美国物理学家费密第一次成功控制了裂变的链式反应。这之后,尤利乌斯·罗伯特·奥本海默继续领导实验,并于三年后宣布:如果一个城市发生原子弹爆炸,居民全部藏在防空洞里,将会有两万人死去;而如果没有任何保护,后果则要严重得多。"

"我就是想不通——一种会引起如此可怕后果的武器竟然真的会被投入使用。"

"其原因在于第二次世界大战末期的形势,贝蕾妮克。德国已经投降了,只有日本还在负隅顽抗。杜鲁门总统想要尽可能降低军队的损失,并最终结束战争,于是他下令动用原子弹。"

"在广岛。"

"那座大学城上空先是亮起了刺目的原子闪电,一朵蘑菇状的红云升上天空,一股震撼人寰的火流扫过市中心,毁灭了一切,不管是建筑物还是人。但日本仍不肯投降,于是,三天后,第二颗原子弹落在长崎。两次爆炸中大概有五十万人死去,许多人当时表面上平安无恙,但后来在饱受原子能辐射导致的病魔的折磨中死去。"

"从那以后广岛就成了死亡和毁灭的象征。"

"就像奥斯维辛代表了希特勒的罪行一样。"

"还有切尔诺贝利代表了核电站反应堆爆炸。"

"科学发展由此进入了一种新形势。一个信念在成长,那就是:并不是一切能做到的事都可以做。许多领袖认识到,在未来,科学必须与道德结合在一起;这在以前还不曾有过。那时出现了'科技后果估测'的概念。"

斯特凡思忖着:"也许这种可怕的武器可以阻止一场以前的东方阵营和西方之间的大战,也许这会让各方都意识到,原子战争没有胜利者,无论哪方都不会胜利。"

"至少这一点是肯定的:投掷原子弹结束了第二次世界大战

的亚洲战场。"塞内克斯做出了结论。

"但是研究还在继续进行,和今天的氢弹相比,最早的原子弹简直就是孩子的玩具!"

"很可惜,你是对的,斯特凡。自1970年起,只要有一颗氢弹投在纽约、伦敦、巴黎、莫斯科或东京这样的大城市,就会有大约八百万人当场丧命,还会有数以百万计的人被射线造成永久性的创伤。"

斯特凡喃喃说道:"这是科技进步符合逻辑的结果吗?"

没有人回答这个问题。几个人的脸在暮色中变得影影绰绰的。

"好了,不谈了。"塞内克斯说,"今天我们只短短地休息一下,好让大家恢复精神。"他打开了灯。

第十二晚

回归

在二十世纪

一个充满物质的膨胀着的宇宙

他们默默地吃着饭,无数东西掠过他们的头脑;另外,想到在进化公园的漫游要结束了,他们也有点忧伤。等他们把餐具拾掇了,塞内克斯把他们请进一个小小的俱乐部房间。他们在桌上点起蜡烛,关了顶灯。

他们几乎全身埋在了宽大的沙发椅里面。贝蕾妮克收起一条腿,下巴抵着膝盖,飘垂下来的长发带着股清香,和蜂蜜做成的蜡烛的味道揉在一起。

罗曼伸开两臂搭在两边的扶手上,像要拥抱什么似的。

斯特凡把眼镜推到鼻根处——他是在沉思,还是在梦想呢?

塞内克斯发话了:"我们到了当代。"

斯特凡补充道:"让我们改改登上月球的第一人尼尔·阿姆

斯特朗的话①：我们三个做了次小小的漫游，人类却走了漫长的道路。"

塞内克斯微笑了："你们看到的虽然只能是些片段，但也许你们已经目睹了人类为了在这个世界上生存发展，按自己的需要日益改造世界走过了什么样的道路。你们看到了人是怎么努力去理解世界的法则的，有了这些法则才有人类的存在，它们是进化和宇宙的基础。——你们不会对此感到后悔吧？"

他们摇摇头。

塞内克斯很高兴："那让我们最后再看看我们的故乡——宇宙吧。我们看到了，物理学家已经接近了古老的人类之谜的谜底。借助相对论和量子力学，他们可以用方程式来表达空间、时间和物质。维尔纳·海森堡在量子物理中引入了测不准原理，由此，'现实'成了相对的，'偶然'则升了值。阿尔伯特·爱因斯坦终生都在争辩这一点，并宣布：'仁慈的上帝不掷弄骰子。'但现在又有一个人站出来反对他：'错了！一切都显示出上帝是一个不可救药的赌徒，一有机会就掷骰子。'"

"这是谁？"罗曼问。

"你们肯定知道他。他的一本书出乎意料地成了全世界的畅销书，他的照片大概也起了作用，因为它非常感人。一种肌肉病症把他束缚在轮椅上，他只能借助一台为他特制的计算机让别人知道他想说什么。"

---

① 阿姆斯特朗的原话是：这是一个人的一小步，却是人类的一大步。

"您说的一定是史蒂芬·霍金。我虽然读过他的《时间简史》，但没有全读懂。但我记得，'上帝'一词只是他对物理定律的另一种表达。他甚至使我感到震惊，因为他说，他眼里的人类，不过是数千亿个星系边缘的一颗小行星上无足轻重的生物而已。他说他很难设想一个能护佑我们的上帝——或者说一个注意到我们的存在的上帝。"

"爱因斯坦的观点类似。"塞内克斯说，"根据霍金的说法，肯定有一个定理体系从一开始就决定了宇宙的进化。"

"但他也说了，如果这些定理是上帝定的，那后来他也就随它去，不再插手管宇宙的命运了。"

贝蕾妮克看看这个，又看看那个，说："霍金是个物理学家、自然科学研究者，可他有那么严重的残疾，他是怎么做到这些的呢？"

"我觉得这个很重要。没有别人的帮助他就没法生活，他的病是无法治愈的。头脑是他的支柱——确确实实只有头脑。他不能做实验，甚至不能写字，但他相信，正是因为这些限制使他能够更加聚精会神。他还说，他现在比以前更快乐，因为在得病以前他过得很无聊。早亡的可能性令他意识到生命是多么宝贵。他很高兴疾病没有损坏他的智力。在我看来，他能够克服一切障碍，他向我们证明了人有能力取得至高的成就，证明了精神对脆弱的肉体的胜利。"

"他就用这种精神寻找理解宇宙的新道路吗？"贝蕾妮克问。

"霍金想把广义相对论和量子力学结合起来。广义相对论是关于空间、时间及其弯曲的。量子力学则是关于微观世界的，包括测不准原理，或者说不确定性原理。霍金相信，包围着我们的宇宙正等着我们去探索和理解；宇宙中有以超光速运动着的粒子，有黑洞在'胡作非为'——它们将成为新的婴儿宇宙的父母。"

"等等！黑洞将成为什么？"罗曼问。

"我不能阐释霍金思想大厦的全部。关于黑洞，我只能说，它是物质密度非常大的天体，大到连速度那么快的光都不能克服它的吸引力，因此没有光泄露出来。"

"人怎么知道有黑洞呢？"

"可以通过黑洞周围其他天体的行动得知它的存在。对我们一般人更重要的是霍金的另一个观点：我们不应该追问宇宙的来历和未来；它既不是被创造的，也不会被毁灭——它是简单的。他的这个观点说出了我们在进化公园漫游过程中进行的一切相关谈话的核心，因为如果他说得有理，如果我们可能找到一个合理的理论，那我们就了解上帝的打算了——当然在这儿也不能从宗教的意义上去理解'上帝'这个概念。"

"一切都是不确定的！但我们可以画一个大大的问号。"斯特凡说。

罗曼问："我们的宇宙不是由空间中的星体组成的吗？那么这些物质是从哪儿来的呢？"

"根据相对论和量子力学，物质可以在重力的帮助下，以任意数量的粒子－反粒子对的形式产生，其结果就是一个膨胀着的宇宙，其中充满物质、星系、恒星、行星——和生命。"

"但宇宙空间是从哪儿开始,又是在哪儿结束的呢?"

"一个模型向我们展示了宇宙空间:它在重力的作用下是弯曲的,因此也是封闭的。所以宇宙不是无限大的,但它既没有尽头也没有边际,任何时候都不会有一艘宇宙飞船能飞到一个再也没法前进的地方。这让我们很难理解,因为对此我们的想象力还不够。也许看看地球的样子能帮助你们——它的表面不就既没有尽头也没有边际吗?"

"塞内克斯,在我们的漫游刚开始的时候,您让我们看到了人们设想的宇宙产生过程——在这以前是什么呢?"

"你这个问题又把我们带回这次漫游的起点了。霍金说,如果物质在一个黑洞里坍塌,永远消失,那么在它原来的位置上就会有新的物质产生。因此可以设想,在宇宙之前还有更早的一个阶段,其中的物质坍塌了,然后又发生了新的原始大爆炸。人们还说到永恒的脉动:大爆炸——膨胀——衰退——坍塌——新的大爆炸。我知道,这不是个令人满意的答案,但人类大概永远也找不到满意的答案。我们这次漫游的意义也不在于解出最后的谜,这是不可能的。我们,也就是进化公园的管理者和我,想让你们对人类漫长壮阔的发展道路获得一个印象:这条道路是人类在短短的一万五千年中走过的——从逐猎的原始人到当今这个存在着千差万别的阶段。"

"那谁是进化公园的管理者啊?"斯特凡问,"您又是谁呢?"

塞内克斯举起双手,耸了耸肩膀:"再和我一起最后到外面去一次吧!"

星　光

他们穿过整个房间，出了大门，站在了露天下。这时他们又一次惊讶了，因为他们面前出现的就是他们十二天前踏上的那个场子。只是，那时是明亮的白天，而现在是夜里。但他们还是在微弱的灯光下认出了那金属穹顶的建筑，可门上方刻的字却变了——第一天那上面写的是"宇宙的诞生"，现在那闪着光的字母却组成了"遥望地球"。

"这个你们一定得经历一下。"塞内克斯说，"一个有意义的结尾。"

他们走过大厅，在第一排坐下来，和开始时一样，但他们观察事物的眼光已经有了多大的改变啊！四周暗下来了，犹如夜幕降临了一般。同时各个方向都向远处无限延伸开去，上下左右亮起数以十亿计的星星，围墙隐去了。

斯特凡喃喃道："这比我们平常看到的星星要多得多啊，而且它们根本不闪烁。"

"星星的光那么冷静，是因为月球上没有运动的大气。"塞内克斯回答。

原来他们在月球上！

不知从哪儿传来一个声音："我们的地球在一个星系里绕着太阳运行，这个星系只不过是用现代化的望远镜观察到的数千亿个星系中的一个。我们称之为'银河'的星系缓慢地绕自身旋转着，它的直径大约是十万光年。它伸出的螺旋状'手臂'上的星星大约得用上一亿年才能绕着星系的中心转一圈。赋予我们生命的太阳是一条螺旋'手臂'内缘上的一颗平平常常的黄色星星。"

"瞧，从托勒密把地球解释成宇宙的中心以来，人类的认识获得了多么巨大的增长！"那声音继续说，"当星星熄灭的时候，星系就熔成在宇宙中运动的巨大黑洞。"

他们被眼前出现的一幕吸引住了。首先，在最下面出现了一个闪着大理石光泽的微微隆起的地面。

"这是月球的表面。"塞内克斯解释说，"我们现在乘着一艘宇宙飞行舱离开了月球。"

一个蓝白色的球体缓缓出现了，它蒙着白色的面纱，像一颗天蓝色的珍珠从黑色的宇宙之海中升起。

"我们的地球。"塞内克斯说，"这是从地球轨道上看时它呈现出来的样子。"

"它真美！"贝蕾妮克说。

"美而脆弱。"斯特凡表示赞同。

在黑暗的宇宙之中，地球看上去很柔弱，好像得小心翼翼地当心碰伤它。当他们再次接近地球的时候，绿、灰、白的色调之中首先现出了深蓝色的一片。

"这是太平洋中的珊瑚环礁和上面笼罩的云。"塞内克斯轻声说，"海洋被弯弯曲曲的海岸线包围着，海面之上的大气在黑暗的宇宙空间中闪着淡淡的蓝光。"

"我想，能够这样看地球是宇宙航行的重要成果。地球看起来也像是一艘宇宙飞船。"

"所以我们就得更加精心地对待它,因为在一艘宇宙飞船上,任何暴力都是致命的,而且它马上就得搭载六十亿乘客了!"

他们的飞行舱靠近了地球,开始绕着它旋转,于是他们进入了地球的黑夜,但它的魅力却没有稍减,也许比白天还要美丽呢。雷雨大作的地方,闪电照亮了大洲之上的云层,但却什么也听不见,没有隆隆的雷声,也感觉不到横冲直撞的风,一切就像是魔幻般的极光。

"那些大概是人口密集的地区吧,塞内克斯?那无数的灯光是大城市?"

"上边那儿你们可以辨认出英国南部,下面离它很近的地方是巴黎,往北一点是比利时,斜下方是鲁尔区,"塞内克斯一一做着解释,"往下更远一点的地方是永恒的罗马。"

看着看着,又出现了更难以解释的事情——一切都变了。他们以为现在他们正在接近地球这颗美丽的"弹子",而它却被蓝色的大气层围裹着。

"这是氮气。"塞内克斯说。

与此同时地球变小了,就如同被一股爆发力驱使着迅速远去,变成了一个火球。随后太阳连同它的九颗行星[①]出现了。距离越来越远,他们的速度也越来越快。不久,银河系那巨大的"银盘"出现了,数以十亿计的太阳和星星又变成了更多的星系,

---

[①] 太阳系以前有九大行星,包括水星、金星、地球、火星、木星、土星、天王星、海王星和冥王星。2006年,国际天文学联合会通过决议,将冥王星降级成矮行星,此后太阳系只有八大行星。

最后他们只能看见旋转的螺旋、星云。它们不断分解、不断坍塌，进入一个无所不包的中心。

接着图像变成了夜一般的漆黑，什么都没有了。

"这是我们宇宙的末日——回到开端，再开始新的发展。"

这是塞内克斯最后的话。放映结束了，但周围依然很黑，他们也没有站起来，因为他们需要回想片刻。

然后灯亮了——他们真的是在一个平淡无奇、像电影院一样有着排排座位的地方吗？他们不敢肯定。现在会怎么样？塞内克斯要向他们告别了吗？他们该对他说些什么？该怎么感谢他呢？

他已经不在那儿了，他的位子空了。谁也没听见他站起来的声音，也没人注意到他走了。

他真的曾经在那儿吗？

最大的问题

他们有种孤零零的感觉，斯特凡终于开口说："他走了，我想我们再也不会见到他了。说到底，这并不让我觉得奇怪。他的退场和他神秘的出现很相配——和这个公园也很相配。"

贝蕾妮克把眼睛闭上了片刻——她想把那无数匆匆而过的画面牢牢记住。"但愿我不会把这些忘了。"她喃喃说道，"在这次漫游的过程中，我有时候以为一切都是真的，是现实，随后又觉得一切是那么不可思议。我觉得这些天像是一个梦。"她的声音听起来十分缥缈,似乎她还没有回到现实中来,"我不明白进化公园怎么能够存在。但我们的地球也是一样——和无数的其他天体相比,它不过是'沧海一粟',它的存在是为了什么呢?"

先是没有人回答。后来又是斯特凡说道:"十二天前,我们打算在城里逛上一圈,没想到却进了这个巨大的'进化公园'——那时候我们提到了一些人类关心的问题。你们怎么想?我们现在能回答那些问题了吗?毕竟我们不能盲目自大,而是得运用我们的头脑。"

罗曼耸了耸肩:"第一个问题贝蕾妮克刚刚又提到了:事物究竟为什么存在?我还是不知道答案。我想,其他人也不知道答案,而且这种状况会一直继续下去。但我还是相信有那么一种动力,宇宙的开端就是由于它的作用。你不一定要把它称为上帝,斯特凡。"

"你相信那个也许只有豌豆那么点儿大、密度却无比大的物质会发生原始大爆炸,发展出宇宙,而宇宙中又有生命吗?"

罗曼点点头。

斯特凡继续说:"也就是说有一种不可捉摸的东西,它既不曾想要我们,也不曾为我们操心。这我可以接受。这里肯定没有什么超级生物插手,按照它自己的样子创造我们。"

"没有全能、仁慈的天父?"贝蕾妮克问,但这与其说是在发问,还不如说是一个论断。

但斯特凡还是摇摇头:"不,妮克,宇宙不需要更高的法官——我是说，它包含了一切。当然，谁要是能说出理智和意识如何在宇宙之中发展、为什么发展，那他也许掌握了开启世界模式的钥匙——或者是掌握了世界的模式本身。"

"不管怎样，宇宙对我来说不仅是偶然凝聚在一起的一团物质，其中也有智慧、爱与和谐。"贝蕾妮克反驳道，"而问题依然存在——我们是什么？我们为什么存在？我们从哪儿来、向哪儿去？从我们将会变出什么？"

"我们是星尘。"斯特凡回答，"我们从原始宇宙来，并返回原始宇宙。"

"那我们又会变成星尘，没有意识的星尘——如果是这样，那我们的生活有什么目的呢？"

"关于这个，可以讨论几个钟头。"罗曼说。他仰望高处，目光似乎在寻找什么："我们得传下去一些东西。我想我们至少有一个使命：每个人都是进化中的一环，我们生活的意义也许只能在进化中去找。如果我们为后代创造基础，那大概就够了！"

"但我们必须行动。"斯特凡坚决地说，"只梦想是不够的；再多的电视节目也不能使我们发现世界，更不能改变它。"

"我觉得这太泛泛了。这次漫游究竟给我们带来了什么——给你，妮克，还有你，斯特凡，当然还有给我自己带来了什么？我现在就想知道这个。"

学习，行动，感受

大家都沉浸在思索之中。罗曼又滑到椅子前部了，斯特凡推着他的眼镜，贝蕾妮克把两只手交叉起来。

"那你就先说吧。"斯特凡催促罗曼。

"我已经说了一点儿了。我们在进化公园里当然只不过是经历了人类历史进程中的一些片段，但正因为如此，我现在更有兴趣去继续研究人类的历史。我们之前的人想些什么、怎么生活，他们创造了什么——我想知道得更多些。这会使我更好地应对今天。这次游历并不算完，每个人物、每个事件都有其意义，对我们来说，那是一次次闪光。但这儿的材料一个人几辈子也研究不完。你不一定要从每一件事都写出一本小说来，只要让自己深入进去就够了。——这收获已经够多的了，不是吗？"

贝蕾妮克赞许地望着他。

罗曼继续说："我想为改变人类的意识做些事情，可能像个作家那样，或者当个记者。我还不知道自己会做什么，不过我也没必要今天就做出决定。——你呢，斯特凡？你这个永远的怀疑论者！你有什么认识？"

"其实你已经提到它了，罗曼——认识！对我来说，理性比过去显得更重要了。我不能只是相信，我要思想，不轻信一切没经过证实的东西——我们已经看到人类有过多少次疯狂的念头，而这引出了什么结果呢？战争、奴役、迫害、屠杀、火刑堆——一次又一次。"

"那么哪里有安慰呢?"罗曼问。

"宁要残酷的现实也不要安慰的谎言。"贝蕾妮克又陷入了梦幻之中,她轻轻地说,"你们没有像我一样的感受吗?我们离天空越近,大地也就显得越美!"

斯特凡顿住了,但他找不出贝蕾妮克的话里有什么与自己矛盾的地方,所以他就接着说:"但你得看到这种美,并且为它做些什么。我希望人类能够运用他们的理智,而不是耽于梦和想象。笛卡尔的话'我思故我在'掉过来不也是符合逻辑的结论吗——'我在故我思'!也许这就是我生活中最重要的座右铭。"

"就是更多的启蒙!"

"如果你非这么说不可——对!怀疑是想象力的一部分,不含怀疑的冲动可能是致命的。我要同迷信做斗争;其实我更想说消灭迷信,但这永远是不可能的。科学或许不是无懈可击的,但我们没有比它更值得信赖的东西了。除了人类,没有其他能够进行科学研究的生物,所以科学也许是唯一能界定人之所以为人的东西。只有理智可以帮助我们更好地生活乃至生存下去。我对自然科学——物理、天文,还有技术——感兴趣,但现在该你了,妮克,我说的够多的了。"

"啊,我不知道人是不是一定要追求什么东西,不知道存在是不是就足够了。我也愿意思想,当然了,但我也想感受;没有感情谁也无法生活下去。我主要的兴趣是——你们也听得够多的了——女性问题。我认为,妇女依然没有得到她们应有的权利。事实再明显不过了:我们的历史在多大程度上是被男性主宰着啊。苏格拉底、保罗、路德、哥白尼、伽利略、笛卡尔、牛顿、达尔文、马克思、弗洛伊德——通通都是男性！不能再这样下去了。男性做主宰不是因为女性不够聪明！不错，我知道妇女的角色——婚姻、孩子——至于我，我或许会结婚，会有平平常常的婚姻生活，但也不一定。我只希望自己不会自暴自弃，而是永远热爱生命。我喜欢自己动手做些事情，绘画、设计，也许只是作为业余爱好，这我还在考虑。一个人得为自己确立目标，并且寻找志趣相投的伙伴。我肯定要做和人有关的事，为他人做些什么，当医生、搞社会工作，或者从政。"

"这是个关键词——"斯特凡喊道，"只为自己而不为他人活着的人永远不会幸福快乐。在群体中有那么多可做的事情——无论大小。"

"我也这样想。"贝蕾妮克答道，"还有一点：我确信那些希望回到过去的人无法帮助我们。虽然如今对前技术时代恋恋不舍的'怀乡病'又厉害了起来，但我们现在不是已经看到了吗？'旧日的好时光'从来就不曾真正存在过。"

"'回到自然'也不存在！"斯特凡说。

"我们要感谢祖先让我们得以存在，也要感谢他们让我们以这样的方式存在。"贝蕾妮克继续说，"因此我们今天的行为也会决定我们之后一代代人的生活。正因如此，我认为尽可能多地了解过去非常重要，这样做可以修正我们的标尺，使我们走得更稳当。"

他们沉默了，每个人都在思考。他们知道，永远没有最后的答案，只能不断地尝试。

这会儿他们多少感到放松了一些，大概也感觉到了这十二天有多么不容易。

贝蕾妮克伸展着四肢："虽然离开这儿让我感到难过，但我们大概不能总待在这儿。"

回到未来

他们手挽着手离开了这座建筑物。外面，小小的场子上已是一片漆黑，只有低低的几盏小灯映照着公园的门。门自动打开了，这之后，空气、气味和声响——一切都变了。

空气变潮湿了，弥漫着汽油、烟和尾气的味道。街上，一辆空电车的车窗亮着灯光，好像在邀请他们似的。

上车之前，贝蕾妮克再一次转过身张望，喊道："你们看哪！"

那公园沉下去了，消失了，再也看不见了——没有长满常春藤的墙，没有写着"进化公园"的牌子，只有那些出租公寓。但在一面广告牌上，一句话闪着微光：

　　　Prendete ogni speranza,
　　　Voi ch'andate!

"和开始的时候不一样了，这又是什么意思？"贝蕾妮克问。

罗曼回答:"我想可以把它翻译成两句诗:'你们,将要离开的人,带上希望吧!'"

"是的,我们需要很多希望,"斯特凡说,"还有乐观。"

他话音刚落,那诗行就消失了。在这荒凉的郊外,再也没有什么能让人想起那个公园了。一些人家的窗户里透出电视屏幕闪烁的微光。

他们上了电车,重重地落在座位上,希望自己——哦不,他们确信自己是在返回的路上。

返回的路?通向哪儿呢?或许是通向未来吧。

车开了。

尾 声

我们照亮了夜的黑暗、思想的昏昧。
我们曾是守着家园的农人，如今却已飞越大地和海洋。
所有的大门都对我们行动的渴望敞开，这，我们的祖辈何尝有过！
我们的自由似乎无边无际。

然而，我们应该如何度过充实的一生呢?

回响与展望

摆脱现实的羁绊

几天过去了,贝蕾妮克、罗曼和斯特凡又回到了现代生活中。但要说他们已经忘记了在进化公园里的漫游,那就太奇怪了——这次漫游已经成了他们生活中的一个转折。现在这次经历在他们心中比那天晚上刚刚离开进化公园回家的时候更加不可思议,但另一方面,那些印象现在都落在了实处,有的澄清了,有的平息下来,他们已经做了很多的思考,并且一直在思考。他们进入了一种使他们超脱在日常生活之外的状态。当然他们还是他们自己,但却受到了某种激励,拥有了拓宽的意识。某些经历可能会彻底地改变一个人,而他们刚刚有过这样一次经历,它使他们摆脱了现实的羁绊。

一个问题在他们的脑子里以他们各自的方式运转:潜入西方历史长河中的这十二天给我带来了什么?

漫游期间,他们每一天晚上都要和塞内克斯聚到一起谈话,他们记忆中最美好的是在比萨的那第五个晚上。当时他们是那样心意相投,感觉到他们紧紧联系在一起——作为这个地球的子民,作为宇宙的子民。他们多想再回到比萨旅舍的花园里去,但他们再也不会找到它了,再也没有把他们引到那儿去的塞内克斯了。

一天晚上,天已经黑了,贝蕾妮克给罗曼和斯特凡打了电话。"咱们见一次面,聊一聊,你们觉得怎么样?"

两个男孩子立刻同意了。

"电视塔怎么样?从那儿可以看得很远。"

三个人在电视塔入口处见面了。电梯是空的,罗曼按了"观览层"的按钮,门关上了,轻轻的嗡嗡声响起来,但却感觉不到运动。

他们是在上升呢,还是待在原地?

"这就像是爱因斯坦相对论的图解。"斯特凡说。

"没错,或者,就像我们坐在一列停着的火车里,旁边的铁轨上有另一列火车发车了,我们会觉得自己也在动。"罗曼对斯特凡的话表示同意,并补充道,"进化公园也与此相应——我们是经历了一切呢,还是只做了场梦?"

过了一会儿,电梯几乎不为人觉察地顿了一下。在卖杂志和旅游纪念品的前厅后面是通到装有巨大玻璃的观览平台的过道。平台以蜗牛一般的速度转动,前部没有灯,只有后部的墙上安了几盏灯,灯光暗淡。这里没有那么多技术设施,空荡荡的空间中气氛散漫、昏暗,下面那城市灯光的海洋反而更好地展示在他们眼前。

狭窄的过道上,每隔一段距离就设有一张长凳,大多数已经坐了人,但他们还是找到了一张空的。贝蕾妮克坐在两个男孩中间,罗曼把胳膊搭在她身后的椅背上。

有一阵工夫,他们只是望着那一直伸展到漆黑地平线上的灯光的海洋。星光被烟雾淹没了,眼前的许多窗子闪着灯光,弧形路灯照亮了街道,汽车排成的长龙慢慢向前挪动着,无数的前灯、尾灯闪烁着。

这就是我们的世界

随着观览层的旋转,城市夜晚的景象缓缓变化。

"我觉得,我现在看东西和以前不一样了。"罗曼沉思着说。他的话音很轻,断断续续的——他边说边想。"这下面的,就是我们的生活,但也是历史的产品:音乐厅、歌剧院、电影院、饭馆、酒吧、电视机、诊所、医生、护士、护理员、老人院、带枪的罪犯、警察……"

"还不止这些呢。"贝蕾妮克接着说,"是的,这确实是我们生活其间的世界。我一再感到高兴——我生活在今天,而不是昨天乃至前天,也不是明天。我想起了莱布尼茨的话,你们还记得吗?我要借用一下他的话,不过稍微改一下:我们也许不是生活在所有世界中最好的一个世界里，但可能是生活在所有的时代中最好的一个时代里。"

斯特凡点点头："妮克说得对。我觉得这也是在进化公园的漫游向我们展示的一点。此前从没有哪个时代的人能获得这么好的食物供给，有这么多的学校、大学对他们开放，从来没有过这么多的书籍和信息，人们能如此舒服、安全、毫不费力地旅行。"

"是的，我就是这个意思。"贝蕾妮克表示同意，"以出生的时代和地点看，咱们真是太幸运了。"

斯特凡继续说："而且我们也能够活得更健康、更长久。生活在早期文化的人类平均寿命是三十岁，中世纪也好不了多少。但我们现在可以说活到八十岁都没问题。"

"要是在一百年前，我可能会死于产褥热。"贝蕾妮克接着这条线索说，"一次阑尾炎可能就会宣判我的死刑，而现在，以前最难的心脏手术也很常见。"

罗曼思考着晃晃头："尽管如此，你还是暗示了你不想生活在未来。绝不是一切都那么美妙，问题也越来越多。我根本不想列举它们。此外，无数的可能性也让我们窒息，而且现在又加上了过量的信息。从理论上说，我们按个按钮，就能得到所有大洲、所有时代的知识。但如果再没有人能消化这些信息，要它们又有什么用呢？它们让人吃不消了！"

"我们肯定得学习怎么对付这个。我想只有一种方法——创造力。"斯特凡答道，"你说得对，如果我们不能正确地厘清、判断信息，信息过剩可能会成为危险。但我们的困难并不在于知识过多,而在于我们不知如何有效地对待它们。"

"我想我们能学会。"贝蕾妮克充满希望地看着他。

我们不是为现代世界设计出来的

斯特凡点点头。

"然而,斯特凡,"罗曼说话了,"每人都依然是原始世界的产品,是冰川时代的孩子。我们不是为现代世界设计出来的,却得在其中实现自我。"

贝蕾妮克明白他的意思。"所以我们要改变自己,罗曼。我对这一点是有信心的。比如关于如何与自然打交道的问题,我们三个中没有一个(可能这塔上的人中也没有一个)还像十年、二十年前那样想。同样,对战争的态度也从根本上改变了——至少是在工业化国家里。"

"但愿这一点能保持下去。"罗曼喃喃地说。

"还有一点,"贝蕾妮克说,"我们也看到了,为了达到今天的发展阶段,人类付出了多大的代价。我们的能力肯定是增强了,也是因为有了更精巧的工具!我希望,哪怕有全球性的危险存在,我们还是能够成功。"

斯特凡继续说:"我想,理智和认识不只是给了我们生存下去的机会,也给了我们更好地生活下去的机会。我们当然都知道当前的问题,这个不用说了,我们每天都得面对它们,至少是通过媒体。但人们不是已经开始思考其原因了吗？我认为，摧毁世界的不是科学，更不是理性，正相反——因为缺乏科学与理性。"

"你这是什么意思？"

"我认为目前人类还缺乏普遍的知识和理性。"

贝蕾妮克帮着罗曼："但别忘了，技术手段的数目在以天文速度增长！"

"首先是世界人口在以天文速度增长。要是地球上只有十亿人，而不是五十亿甚至六十亿，那我们以高度发展的技术手段——麻醉术、现代医学、汽车、飞机、火箭——可以生活得非常好。我们知道，世界上人口过剩，现在就已经这样了，而情况还在加剧！但是没有退回去的路，不管我们愿意不愿意，我们都不能再摆脱技术和科学，因为那无异于自杀。为了对付所有的问题，我们不是要减少，而是需要更加努力地钻研科学、促进大众的启蒙——这至少是同等重要的。如果人类要毁灭，那肯定不是毁在带来进步的那些人的聪明上，而是毁在不知道如何对待进步的那些人的愚蠢上。"

"可惜这样的人占百分之九十九！"

"可能是这样。不管怎么说，我们亟需更多的知识。毕竟自然科学让今天的几十亿人都活着。人口太多已经是一个既成事实，而人要生存，就不能没有科学的帮助。我们不能在十九世纪的水平上生存，几十亿人不能像肆虐的大自然中的农民或奴仆那样生活。文明和自然是对立的。老虎会吃人，火山爆发会埋葬城市，太阳会晒干草原，让一切枯萎。我们好歹都得依靠科学。"

没有科学和技术就完了

"但我们不正是在用这些科学和技术毁坏地球嘛！有那么多的自然灾害都是人自作自受啊！"

"但没有科学和技术我们就完了。我在进化公园里也看到了，带来进步的总是信息的传授，最显而易见的例子是印刷术。你们想想清楚吧，在此之前，世界上百分之九十九的人不能读写。我估计，科学的进步——医学上的和农业上的——拯救的性命比所有的战争毁掉的生命要多。我们需要传播信息，也恰恰是因为存在着全球性的危险，因为科学带来了全球性的预警系统。"

"我不知道进化是不是想要这样。"

"咳，妮克，我们不是已经在这一点上取得一致了吗——进化是没有目的、没有意图的。我们既不能让进化倒退，也不能让它停止。它是包含在我们的 DNA 中的一个过程。对我来说，造物与进化是一回事，我们不能要这个不要那个。"

"是的，也许从宇宙大爆炸以来的发展还都没有结束？"

"我深信这一点。也许还得发展数十亿年呢。为什么不会出现比我们聪明不知多少倍的头脑，发现我们不知道的维度呢？难道甲壳虫能认识星辰吗？但星辰确实存在。我们也许抵达了认识的极限，但对未来的一代代人，这能是极限吗？我也相信进化没有目标，但这不应该阻碍我们建立一个目标，将之作为进化的方向。"

罗曼直起身来。"我怀疑人类有朝一日会解开所有的世界之谜。我们肯定只能成为这个样子，因为我们身上打着过去一代代人的烙印，而未来的一代代人身上也会打着我们的烙印。当然每个人只能像他生活的那个样子生活，因为他的祖先（可以回溯到变形虫）是成功的，至少是能够创造新生命的，而新生命则拥有新发展的机会。但另一方面我们也是很奇怪的生物，我们是有界限的。"

我们塑造世界

斯特凡同意罗曼的话："是的，我还看到了努力——努力在一片无知和谬误的海洋中搏击，最后抵达认识。虽然那只是少数人做的，但没有他们，我们就不会是现在的样子，我们可能还和生活在三千年、四千年、一万年前的人一样。我们人类所特有的就是，我们不只是生出来，活着，然后死掉，毫无痕迹。我们改造了世界，虽然只是短短的一瞬。"

"如果进化有一个目标呢？"贝蕾妮克思索着说，"不是一个有意识的目标，而是一个从它的运动中自然产生的目标——那又会怎么样？"

"那我们的使命就是，超越自然进化的那些可能性，并将进化继续下去，这可能主要是在技术的领域，因为它是生物进化的道路上没有的。"

"你是说，我们脱离生物进化的时代，进入智力推动的发展阶段？"

"这至少是可以设想的，罗曼。因为智力推动的发展会大幅度提高人类的发展速度，有力的一推！"

"但也有危险！"

"当然。但也许智力就是进化的'目标'，也许进化在有意识地利用它！我们也许不过是站在它的发展的开端。谁知道那些杰出人物——莎士比亚、巴赫、莫扎特、歌德、爱因斯坦和居里夫人——是不是已经达到了思想的极限？正像我们说过的，一切都是自然，我们的理智也是，自然借助理智显示它还能通过人的媒介做到什么。现在我们直接插手了，通过选择、培育、基因工程直接干预自然的进化。我们做这些的时候，遵循的也许就是我们先天掌握的法则。既然我们有这个能力，那我想，我们也有义务建造另一个世界。"

"你把我们看成工具？"

"我们可能会输，但赢的机会还是很大的。我们可不是白白从一个挥舞棍棒的怪物发展成思想着的创造者的啊。"

"你那么肯定吗？"罗曼叹了口气。

"等着瞧吧！现在科学正在解开基因构造的秘密。"

"你真的认为必须得这样吗？"贝蕾妮克充满疑惑地问。然后她又自己回答道："是啊，也许，存在着的不该只是这样的世界——只活跃着动物和植物，而没有一种能够有意识地感知一切、思考一切的生物。"

"那就是人啊！"

使命就是意义

"但是没有一个物种能够永远存在下去。"罗曼说,"有朝一日,进化也可能会没有我们而继续进行下去——向另一个方向。反正,斯特凡,这一切都一再让我追问生命的意义。"

贝蕾妮克对此很有信心:"如果我们有一项使命,意义就会产生——去完成这一使命!"

"我眼前出现了一幅图景。"罗曼说,"每个人的意义,都像河里的一滴水,被带着奔向大海,它最终将消融在那里。为此它不需要特别的天赋和能力。对身边的人来说,就连最简单的人也比一个最伟大的天才重要。"

"这让我想起了玛丽·冯·埃布纳-埃申巴赫①的一首格言诗,"贝蕾妮克说,"人对人的一点爱比对全人类的爱更有价值。"

"是的,可能!但再说一遍,把人类作为一个整体来看,这个人类现在学到什么了吗?"

"也许学到了,罗曼!我们肯定已经学到了很多,但是,像以往的时代一样,我们仍然会被激情、想象、臆想遮蔽——这些比真实存在的危险更危险。我们总是犯同样的错误。"斯特凡摘下眼镜,向玻璃镜片上哈口气,擦一擦,再戴上,"我们的时代并不是例外!正相反,也许比中世纪时还要严重,任何胡扯都有人相信。又开始有年轻人去崇拜神秘,相信'大师'和预言家。

---

① 奥地利女作家,以其心理小说被认为是十九世纪最重要的德语女作家之一。

占星术、月亮的影响、神秘兮兮的歪门邪道、咒语……数不胜数。"

"啊，我看变化还是很大的。"罗曼激烈地反驳道，"尤其是在这个千年转折时期看得更清楚。早就没有什么非理性的、末日理论之类的东西困扰着我们了，基于迷信的恐惧也已经谈不到了。"

"这可是一个进步！"

"对此我们不仅要感谢启蒙运动，也要感谢自然科学。妮克，此外还有全面的教育，它也是实行有效民主的前提，因为无知之人的民主在今天这个技术的时代只会带来灾难。我认为，世界更容易毁灭在增长的非理性上，而不是毁灭在科学的进步上。渴望回到前工业时代的苗头在增长，连带着对所谓'不人道'的当代的否定，这让我觉得担忧。另外，只受过一般教育的人根本不了解自然科学。可我们享受着它带来的所有好处，谁也不想放弃这些好处，甚至连最严厉的批评家也不例外……"

"但是斯特凡，"贝蕾妮克喊道，"这个我可不相信！没人真的想回到中世纪，回到充斥着饥饿、瘟疫、酷刑、火刑堆的时代去。"

"……但同时人们又诅咒所有发展——其实人能活着都多亏这些发展呢！"

"人类大概还是进化了一点的。"罗曼思索着说。

"从实质上来说几乎没有，如果说有进步，那也是在上一个一千年中。"斯特凡说出他的看法。

"但如果把两幅画摆在一起，一幅上面是一个拿石头当工具的原始人,另一幅上是一个自由飘浮在太空中、修理着空间站太阳帆的现代宇航员,那是何等的天壤之别啊。"贝蕾妮克说。

罗曼皱起了眉头。"但事实是,直到中世纪全盛时期,是农民造就了历史,这之后出现了手工业者和城市中的商人……"

斯特凡打断了他的话:"但今天的世界是由科学和技术塑造的。我说科学,指的不是知识的堆积——对此电脑会做得更好;而是创造性的、理性的思考——这是现在再高级的智能机器也不能取代的。我们需要的首先是富于怀疑精神的思索能力。"

我们应该怎样对待彼此?

罗曼越来越不安了。"知识、知识、知识。"他反驳道,"那么爱、信念、道德又怎么办呢?这一切和物理可都没关系!"

贝蕾妮克认为他说的有道理:"科学可不会告诉我们应该怎样对待彼此!"

"也许,如果我们在物理和数学中学到的逻辑思考也能决定道德行为——这样会好些?"

罗曼向前滑了一点,胳膊碰到了贝蕾妮克的肩膀:"大多数人难道不是需要一个在技术占主导地位的当代找不到的支点吗?"

"而且他们不是最坏的人。"贝蕾妮克表示赞同,"他们寻找一种意义,渴望一种单纯的生活。"

斯特凡感到了她的赞同。他有点郁闷,反驳道:"单纯的生活是一种幻想，只有少数有特权的人才过得起。其他所有人的生活中都得有技术，因为没有现代技术就不再有生活。你们虽然说得有道理，人们渴望找到一种意义，但实际上，人们更乐意相信虚假的神灵，而不愿意勇敢地接受'没有神灵'。比起一厢情愿的想象，我更倾向于接受严酷的真理。我认为，冷静地理解生活，比吊在一种错误的信念上要好。道德也在于，不要拿没有证据的东西冒充真理。我宁愿在一个没有目标的宇宙中生活，也不愿意相信一个把奥斯维辛强加给子民的上帝。最晚在第二次世界大战结束后，随着极权主义、大屠杀、原子弹的出现——对一个万能智慧、用爱统治历史的上帝的信仰不是就失去了一切存在的理由了吗？但每个人都得自己决定要它还是不要它。我发现事实往往比想法更有帮助，因为它更可靠、更持久。科学思考已经够富于想象、够有条理的了，尤其是，它始终在对自己提出质疑。因此，我仍然要怀疑。"

"但唯有怀疑是不够的，怀疑得和创造力结合起来。"贝蕾妮克说。她把一只手向上伸，握住了罗曼的手。

"这包括艺术。"罗曼兴奋地喊道，"只要我们有好奇心，有创造力，我们就在活着。如果放弃这些，我们就完了。"

贝蕾妮克点点头："我相信，现在创造力比以往任何时候都更重要，这也是我在进化公园里学到的。今天，所有的人都只想快活，可创造力带来的快乐比消费的快乐要好得多。懒人国绝对太无聊了！它只会养出被惯坏了的孩子，他们不能再感受真正的愉悦，脾气也坏坏的。人得在小范围内改变，得有创造力，不能让随便什么冠冕堂皇的组织拉拢了去。"

总存在一些我们不能理解的东西

"还有一点,"罗曼说,"也许我是在重复:我绝对不想没有任何信念地生活,但这不会是对一个白胡子上帝的信仰了。天堂沉没了,但我们对价值、内容的需要没有沉没,只有它才能使我们在这个地球上和睦地生活下去。"

"我们应该让所有现存的宗教与新的认识合上拍。"贝蕾妮克说,"当我想到宇宙,那么任是什么理智也帮不上我。我感到总还得有点什么——某种意义丰富的、超出我思想力的能量,某种我不能用理性去理解的东西。"

罗曼很乐意听到这个。"如果我们对于地球在宇宙中地位的知识扩展了,那我们的伦理和宗教就得去适应改变了的世界图景。要写出绝对律令,人们大概不再需要天空。我希望我们能够拥有一种涵盖全世界和全人类的伦理观以及在科学的认识之外和谐共存的信仰。"

"也许,"贝蕾妮克说,"我们人类是宇宙中唯一能感受和传达爱的。"

罗曼热烈地望着她:"我们的文化已经很老了。"他说:"我们比以前更需要规则,使我们能和平、人道地相处以及对待自然。只有以伦理价值为基准,我们的进步才能向好的方向发展。我们必须更多地呵护生命，以更大的敏感和耐心面对新的发展。"

"别忘了智力和理性！"斯特凡喊道。

"同意。我们在进化公园里经历过了地中海地区的进化，那只是人类文明的众多前提之一。人类文化如今已经没有边界了。这将会改变一切，包括伦理标准、道德和宗教，甚至包括科学。"

罗曼知道贝蕾妮克赞同他的话——她微笑着。她调皮地把另一只手搭在斯特凡的手上，说："你也没有异议吧？"

"没有。"斯特凡回答，"我要说的已经都说了啊。"

他们俯瞰着城市的万家灯火。

译后记：一部又好看又好懂的西方文化史

当我接到这本书的时候，我几乎毫不犹豫地同意翻译了。

原因有三。首先，我在德国时就对马克斯·克鲁泽的名字有所耳闻，知道他的许多作品都被拍成了电视剧，并被译成多种文字。由于杰出的成就，他曾获德国联邦十字勋章。他一生游历甚广，写过许多游记。本书是他一生调查研究和深入思考的成果，自出版以来一直被列为德国最受欢迎的青少年读物之一。相信中文版的面世，能给中国的青少年读者提供一个了解西方文化的良机。

其次，我一直比较关注青少年读物，本书正是这样一本深入浅出的普及性读物。作者采用了一种半小说、半游记的叙述方式，给读者讲述了从宇宙大爆炸到二十世纪上半叶的西方文化发展全过程。作者在书中虚拟了一个"进化公园"，故事的主人公是三个即将毕业的中学生，他们在一次郊游中偶然发现了这个十分奇特的地方，一位友好的长者主动提出给他们做向导。全书以他们在公园的游历为线索，把西方文化发展史上重大的历史时刻像珍珠一样穿起来。读者在阅读时将不知不觉地加入这个"旅行团"，跟随他们，一会儿钻进古埃及的墓室，一会儿乘船在爱琴海上畅游、领略古希腊的风光，一会儿骑马去奥林匹亚观看体育盛会……这将令读者倍感亲切，并始终怀着和主人公一样的期待和兴奋。

同时，书中的三个年轻人之间、他们和向导老人之间的对话和争论，又像一堂堂生动的历史课。三个年轻人性格各异，提出问题的角度也各不相同：女孩贝蕾妮克特别关注各个历史时期妇女的社会地位、家庭生活和婚姻状况；善于思考、博览群书的斯特凡则总能在各个历史现象中发现人类发展史上的阴暗面；单纯热情的罗曼则对人类文化成果充满发自内心的景仰和赞叹。这种回述历史的方式独具匠心，显得十分丰富和立体。

最后，我本以为凭着二十多年来对西方文化的学习和了解，翻译这本书的工作对我来说应该不会太新鲜。然而，在翻译的过程中，我还是不时地被作者许多坦率而颇有见地的看法打动。这本系统介绍西方文化的书所涉及的范围十分广泛，它几乎包含了天文、历史、地理、科学、技术、政治、经济、哲学、文学、艺术和宗教等各个方面，但作者的叙述并没有流于对重要历史现象的简单罗列，而是不断通过人物的对话加以探讨。书中不仅有对人类智慧和文化成果的礼赞，而且有对人类阴暗面毫不留情的批评，让我们从几千年前的古人身上看到人类许多与生俱来的缺陷。原著的语言非常注重逻辑性，为了力求准确，我在译文里尽可能保持作者的风格。

今天，我们许多人对西方文化都有所了解，但是我们也许仍不是非常清楚，西方文化这条奔腾不息的长河源头究竟在哪里？它到底有着怎样的脉络？涉及这方面的书浩如烟海，行色匆匆的人们也许有机会领略到这条长河中几朵美丽的浪花，却很难对此有比较全面的认识。然而，如果阅读了这本经典的"通俗"作品，即使对西方文化一无所知的人，也会获得比较完整的认识。所以这本书既是青少年的启蒙读本，又可为成年读者提供一条了解西方文化的捷径。

我要特别感谢我的挚友、北京大学的谷裕老师，她抽出宝贵的时间，通读了我的全部译文，提出了一些宝贵意见，我才敢把这部书稿交给出版社，以不辜负他们独具慧眼选择出版本书的初衷。

现在，这本书终于要出版了，衷心希望读者在合上它的时候，能有书中主人公斯特凡一样的感叹："没想到人类有过如此美好的往事"，"我知道，前人一样会看到头顶碧蓝的天空，一样会沐浴在阳光下，一样会感受到雨水和寒冷。但是我仅仅是理性上知道而已"，"我现在不但看到了，还真真切切地感受到了。理解和用所有的感官去感受，的确是两回事。只有这样，过去的一切才会从发霉的书本中升华出来，变得鲜活生动"。

何珊
2010 年 10 月于北京万泉新新家园